# Mercedes OM 854/856

*Handbuch*

**Mercedes OM 854/856**

Handbuch

ISBN/EAN: 9783954275007
Erscheinungsjahr: 2012
Erscheinungsort: Bremen, Deutschland

© maritimepress in Europäischer Hochschulverlag GmbH & Co. KG, Fahrenheitstr. 1, 28359 Bremen. Alle Rechte beim Verlag und bei den jeweiligen Lizenzgebern.

www.maritimepress.de | office@maritimepress.de

Bei diesem Titel handelt es sich um den Nachdruck eines historischen, lange vergriffenen Buches. Da elektronische Druckvorlagen für diese Titel nicht existieren, musste auf alte Vorlagen zurückgegriffen werden. Hieraus zwangsläufig resultierende Qualitätsverluste bitten wir zu entschuldigen.

# Mercedes OM 854/856

*Handbuch*

# INHALTSVERZEICHNIS

5 ZUR BEACHTUNG

10 AUFBAU DES MOTORS

15 BEDIENUNG

15 Erste Inbetriebnahme
17 Übliche Inbetriebnahme
17 Anlassen
17 Einlauf
18 Betrieb
18 Abstellen
18 Winterbetrieb

19 WARTUNG

20 Wartungsplan
20 Wartungsarbeiten

21 Anleitung zu den Wartungsarbeiten
21 Motoröl wechseln
21 Schmierölspaltfilter reinigen
22 Ventilspiel prüfen
23 Spannung der Schmalkeilriemen prüfen
23 Ölstand in Einspritzpumpe und Regler prüfen
23 Entlüfter reinigen
23 Luftfilter reinigen
24 Batterien prüfen
24 Kraftstoffilter und Kraftstoffvorreiniger säubern
26 Betätigungsgestänge an der Einspritzpumpe ölen
26 Anlasser und Lichtmaschine prüfen
27 Muttern und Schrauben prüfen
27 Kühlwasserpumpe für äußeren Kreislauf schmieren
27 Riemenspannrolle schmieren
27 Einsatz des Kraftstoffilters erneuern
27 Kühlanlage prüfen

Bild 2

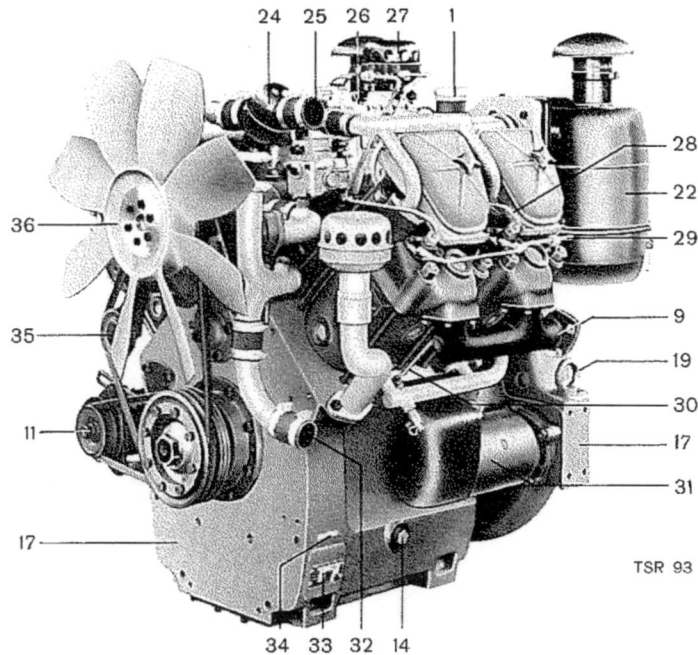

TSR 93

**MB 854**

**MOTORAUSFÜHRUNG UkV**

**LINKE MOTORSEITE**

| | |
|---|---|
| 19 | Tragöse |
| 20 | Zwischengehäuse (Räderkasten) |
| 21 | Schwungradgehäuse |
| 22 | Ölbadluftfilter |
| 23 | Kraftstoffeinfachfilter |
| 24 | Thermostat |
| 25 | Kühlwasseraustritt zum Lamellenkühler |
| 26 | Bosch-Einspritzpumpe mit Drehzahlregler |
| 27 | Kurbelgehäuseentlüfter |
| 28 | Druckleitung |
| 29 | Anschluß für Leckkraftstoffleitung |
| 30 | Rücklaufleitung für Schmieröl |
| 31 | Bosch-Anlasser |
| 32 | Kühlwassereintritt vom Lamellenkühler |
| 33 | Typenschild |
| 34 | Fortschrittszahl FZ (ab FZ 25 oberhalb der Lichtmaschine) |
| 35 | Riemenspannrolle |
| 36 | Ventilator |

Bild 1

TSR 92

## MB 854

**MOTORAUSFÜHRUNG UkV**

**RECHTE MOTORSEITE**

| | |
|---|---|
| Öleinfüllstutzen | 1 |
| Ölkühler | 2 |
| Anschluß Kühlwasserfernthermometer | 3 |
| Anschluß Temperaturkontaktgeber | 4 |
| obere Kühlwasserleitung | 5 |
| Steuergehäusedeckel | 6 |
| Steuergehäuse | 7 |
| Bosch-Einspritzdüsenhalter | 8 |
| Abgassammelrohr | 9 |
| Kühlwasserleitung vom Ölkühler zu den Zylindern | 10 |
| Bosch-Lichtmaschine | 11 |
| Ölmeßstab | 12 |
| Schmierölspaltfilter | 13 |
| Gehäuseverspannung am Kurbelwellenzwischenlager | 14 |
| Verbindungsleitung zwischen Schmierölspaltfilter und Ölkühler | 15 |
| Ölablaßschrauben | 16 |
| Anschlußfläche für Motorlagerung | 17 |
| Verbindungsstück zum Hauptölkanal | 18 |

Bild 4

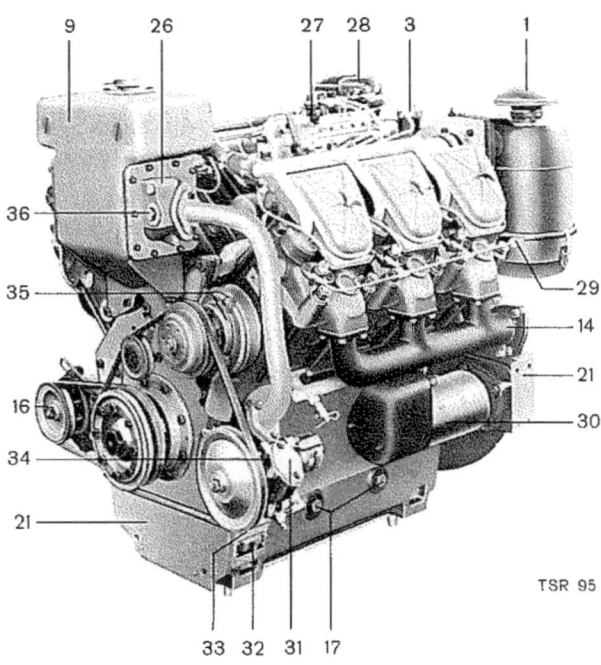

TSR 95

| | |
|---|---|
| 19 | Verbindungsleitung zwischen Schmierölspaltfilter und Ölkühler |
| 20 | Ölablaßschrauben |
| 21 | Anschlußfläche für Motorlagerung |
| 22 | Verbindungsstück zum Hauptölkanal |
| 23 | Tragöse |
| 24 | Zwischengehäuse (Räderkasten) |
| 25 | Schwungradgehäuse |
| 26 | Kühlelement |
| 27 | Bosch-Einspritzpumpe mit Drehzahlregler |
| 28 | Kurbelgehäuseentlüfter |
| 29 | Anschluß für Leckkraftstoffleitung |
| 30 | Bosch-Anlasser |
| 31 | Rohwasserzulauf (äußerer Kreislauf) |
| 32 | Typenschild |
| 33 | Fortschrittszahl FZ (ab FZ 2 oberhalb der Lichtmaschine) |
| 34 | Kühlwasserpumpe (äußerer Kreislauf) |
| 35 | Kühlwasserpumpe (innerer Kreislauf) |
| 36 | Zinkschutz |

**MB 856**

**MOTORAUSFÜHRUNG UkWtKr**

**LINKE MOTORSEITE**

Bild 3

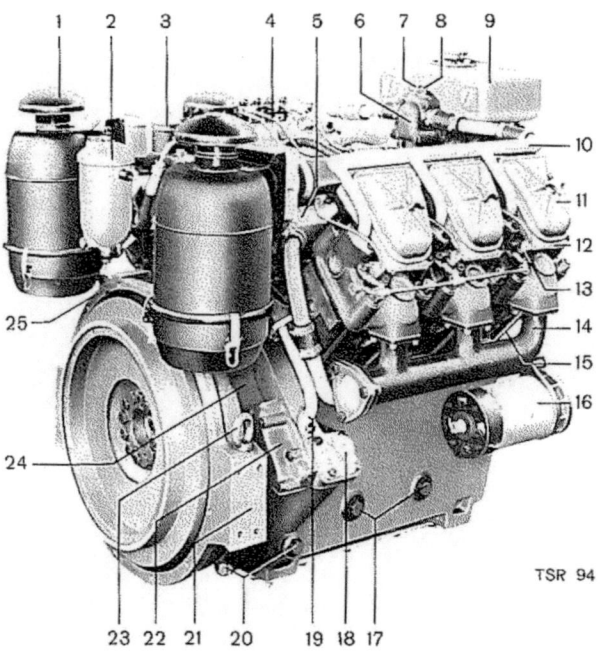

**MB 856**

**MOTORAUSFÜHRUNG UkWtKr**

**RECHTE MOTORSEITE**

| | |
|---|---|
| Ölbadluftfilter | 1 |
| Kraftstoffeinfachfilter | 2 |
| Öleinfüllstutzen | 3 |
| Druckleitung | 4 |
| Ölkühler | 5 |
| Thermostat | 6 |
| Anschluß Temperaturkontaktgeber | 7 |
| Anschluß Kühlwasserfernthermometer | 8 |
| Anbauwärmetauscher | 9 |
| obere Kühlwasserleitung | 10 |
| Steuergehäusedeckel | 11 |
| Steuergehäuse | 12 |
| Bosch-Einspritzdüsenhalter | 13 |
| Abgassammelrohr | 14 |
| Rücklaufleitung für Schmieröl | 15 |
| Bosch-Lichtmaschine | 16 |
| Gehäuseverspannung an den Kurbelwellenzwischenlagern | 17 |
| Schmierölspaltfilter | 18 |

## Kurbelwelle

Die im Gesenk geschmiedete Kurbelwelle mit gehärteten Lagerstellen und angeschraubten Gegengewichten nehmen drei (vier) Gleitlager - Mehrstofflager - im Kurbelgehäuse auf. Ihre Kröpfungen sind beim MB 854 gleichgerichtet, beim MB 856 um 120° gegeneinander versetzt.

Das vordere dritte (vierte) Kurbelwellenlager ist ungeteilt. Das zweiteilige mittlere Kurbelwellenlager (die zweiteiligen Lager zwei und drei) ruht bzw. ruhen in zweiteiligen Lagerkörpern, die im Tunnelgehäuse zentriert und durch Schrauben mit dem Gehäuse verbunden sind.

Das geteilte hintere Lager ist in einem zentrierten Lagerschild untergebracht. Es ist zugleich Paßlager. Das mit dem aufgeschrumpften Kurbelwellenflansch verschraubte Schwungrad hat einen Zahnkranz, in den beim Anlassen das Ritzel des Anlassers eingreift. Kurbelwelle und Kurbelgehäuse sind vorn und hinten durch Radialdichtringe und Ölabspritzringe abgedichtet.

## Pleuelstange

Die Pleuelstange mit Doppel-T-Querschnitt ist im Gesenk geschmiedet. In einer Bronzebuchse ist der Kolbenbolzen gelagert. Je zwei Pleuelstangen der sich gegenüberliegenden Zylinder laufen nebeneinander auf einem Kurbelzapfen.

Der schräggeteilte Pleuelstangenkopf mit verzahnten Trennflächen nimmt ein zweiteiliges Mehrstofflager auf.

## Kolben

Der Leichtmetallkolben hat drei Verdichtungs- und einen Ölabstreifring. Der hohlgebohrte Kolbenbolzen ist schwimmend gelagert und wird durch Seeger-Ringe gesichert. Im Kolbenboden befindet sich der Brennraum, der nahezu das gesamte Verdichtungsvolumen aufnimmt.

## Nockenwelle

Über der Kurbelwelle ist die mit halber Motordrehzahl laufende Nockenwelle im Kurbelgehäuse vierfach (sechsfach) gelagert.

## Ventile

Die hängend unter 45° zur Kurbelwellenachse angeordneten Ventile, je Zylinder ein Einlaß- und Auslaßventil, werden von der Nockenwelle aus über Stößel,

# AUFBAU DES MOTORS

Die Numerierung der Lager, die Seitenbezeichnung sowie die Drehrichtung sind auf die Schwungradseite bezogen. Die Zylinder werden ebenfalls von der Schwungradseite aus, zunächst die linke und dann die rechte Reihe, gezählt. Mit "hinten" wird die Schwungradseite bezeichnet. Die Drehrichtung des Motors ist der des Uhrzeigers entgegengesetzt, also "links". Die eingeklammerten Angaben gelten für den MB 856.

### Kurbelgehäuse

Das Kurbelgehäuse aus Grauguß ist als Tunnelgehäuse ausgebildet. Die Triebwerksteile sind von unten über einen abnehmbaren Deckel zugänglich.

Auf der linken Seite liegt der an das Schwungradgehäuse angeflanschte Anlasser, beim MB 854 außerdem einer der beiden Kurbelgehäuseentlüfter. Auf der rechten Seite befinden sich die Lichtmaschine, der Ölmeßstab und das Schmierölspaltfilter, dessen Gehäuse an das Kurbelgehäuse angegossen ist. Vorn liegen die Wasserpumpe und die Keilriemenantriebe.

Oben, zwischen den Zylinderreihen, sind der Ölkühler und die Einspritzpumpe angeordnet. Hinten sind angeflanscht: das Schwungradgehäuse mit Anschlußmaßen nach SAE 1 und, zwischen Schwungrad- und Kurbelgehäuse, das Zwischengehäuse, das die schrägverzahnten Antriebsräder für Nockenwelle, Einspritzpumpe und Ölpumpe umschließt. Auf der gleichen Seite liegen der Antrieb für den Drehzahlmesser, der Anschluß für den Öldruckmesser und das Kraftstoffilter. Oben auf dem Räderkasten befinden sich die Öleinfüllöffnung und ein Entlüftungsfilter.

Für die Träger der Motorlagerung sind am Kurbel- und Schwungradgehäuse vertikale Anschlußflächen mit Gewindebohrungen vorhanden.

### Zylinder

Zylinderkopf und Laufbuchse bestehen aus Grauguß und sind mit vier Stiftschrauben auf dem Kurbelgehäuse befestigt. Der Zylinderkopf enthält die beiden Ventile sowie die Mehrlocheinspritzdüse. Auf der Oberseite trägt er das abnehmbare - mit einem Deckel verschlossene - Steuergehäuse und den Lagerbock mit Kipphebeln. Zwischen Zylinderkopf und Laufbuchse sind als Gasabdichtung ein Weicheisenring und als Wasserabdichtung Gummiringe eingelegt. Zwei weitere Gummiringe dichten den Zylinder gegen das Kurbelgehäuse ab.

tile am Ölkühler und am Ölfilter ermöglichen, daß im Notfall - wenn der Kühler oder das Filter verstopft sein sollten - ungereinigtes Schmieröl in den Hauptölkanal und damit zu den Lagerstellen gelangt.

Durch Bohrungen in den Kurbelwangen fließt das Öl von den Kurbelwellen- zu den Pleuelstangenlagern. Von den Stößeln wird das Öl durch die hohlen Stoßstangen zu den Kipphebeln und deren Lagerung geführt. Über Leitungen fließt das Öl in das Kurbelgehäuse zurück.

Zylinderlaufbahnen, Kolbenbolzen, Zahnräder und Steuernocken werden durch Spritzöl geschmiert. Die Einspritzpumpe mit Drehzahlregler ist nicht an den Schmierölkreislauf des Motors angeschlossen. Das Kurbelgehäuse ist so konstruiert, daß der Motor noch bei den auf Seite 42 angegebenen kurzzeitigen Betriebsschräglagen ausreichend geschmiert wird.

**Kühlung**

Der Motor kann wahlweise mit den Rückkühleinrichtungen UkKV, d.h. Umlaufkühlung mit Kühler und Ventilator, oder mit UkWtKr, d.h. Umlaufkühlung mit Wärmetauscher und Kreiselpumpe, ausgerüstet werden.

UkKV
Bei der Rückkühleinrichtung UkKV wird das Kühlwasser des Motors durch den vom Ventilator erzeugten Luftstrom im Lamellenkühler zurückgekühlt. Für den Umlauf des Wassers sorgt eine motoreigene, über Schmalkeilriemen angetriebene Kreiselpumpe, die vorn am Motor angebaut ist. An der Antriebsriemenscheibe ist gleichzeitig der Ventilator befestigt.

Das zurückgekühlte Wasser wird von der Kreiselpumpe in die Kühlräume der Zylinder gefördert, steigt von dort in die Zylinderköpfe und gelangt durch ein Sammelrohr zum Thermostaten. Von hier fließt es, wenn der Motor und damit das Kühlwasser die Betriebstemperatur erreicht hat, in den Lamellenkühler. Solange die Betriebstemperatur noch nicht erreicht ist, sperrt der Thermostat den Zufluß zum Kühler. Das Kühlwasser fließt über eine Kurzschlußleitung zur Pumpe zurück.

UkWtKr
Die Funktion des Lamellenkühlers übernimmt bei dieser Rückkühleinrichtung der Anbauwärmetauscher. Das Kühlwasser des Motors (innerer Kreislauf) wird im Wärmetauscher durch Fluß- oder Seewasser (äußerer Kreislauf) zurückgekühlt. Hierzu ist eine zusätzlich am Motor angebaute Wasserpumpe erforderlich, die über Keilriemen angetrieben wird.

Stoßstangen und Kipphebel betätigt. Das Ventilspiel läßt sich durch Schrauben an den Kipphebeln einstellen.

**Einspritzorgane**

An der Einspritzpumpe ist eine Förderpumpe angebaut, die während des Betriebes über deren Nockenwelle angetrieben wird. Sie fördert den Kraftstoff vom Kraftstoffbehälter über das Filter zur Einspritzpumpe.

Die an das Zwischengehäuse angeflanschte Einspritzpumpe wird über ein Zwischenrad von der Nockenwelle angetrieben. Von der Einspritzpumpe aus gelangt der Kraftstoff über eine Druckleitung zur Mehrlocheinspritzdüse. Der Düsenhalter ist am Zylinderkopf durch einen Druckflansch, eine Zwischenhülse und zwei Innensechskantschrauben mit kugeligen Unterlegscheiben befestigt. Der Leckkraftstoff fließt über Leitungen in den Kraftstoffbehälter zurück.

Zur Starterleichterung wird kurzzeitig während des Anlaßvorganges selbsttätig eine größere Kraftstoffmenge eingespritzt und dabei gleichzeitig ein späterer Förderbeginn erzielt.

**Drehzahl- und Lastregulierung**

Ein an der Einspritzpumpe angeflanschter Fliehkraftregler paßt die Kraftstoffmenge bei jeder Motordrehzahl innerhalb des Drehzahlbereiches der jeweiligen Motorbelastung an. Die gewünschte Motordrehzahl kann durch einen Verstellhebel reguliert werden. Für die Normalausführung des Hebels ist ein Gestängeanschluß vorgesehen. Sonderausführungen für Hand- und Seilbetätigung sowie mit stufenloser Feinregulierung von Hand oder elektromotorisch angetrieben sind lieferbar.

Vollast sowie die zulässige Höchst- und Leerlaufdrehzahl sind durch Anschläge begrenzt. Durch einen ebenfalls am Regler befindlichen Stophebel läßt sich die Kraftstoffzufuhr zu den Einspritzdüsen unterbrechen und damit der Motor abstellen. Er kann direkt von Hand bzw. über ein Gestänge oder auf Wunsch auch elektromagnetisch betätigt werden.

**Schmierölkreislauf**

Das Schmieröl im Kurbelgehäuse wird über ein Sieb durch eine Zahnradpumpe angesaugt und über den Ölkühler in das Schmierölspaltfilter gefördert. Von dort aus gelangt es über ein Verbindungsstück in den Hauptölkanal und über Bohrungen weiter zu den Kurbelwellen- und Nockenwellenlagern sowie zu den Stößeln. Ein zwischen Pumpe und Ölkühler geschaltetes Überdruckventil begrenzt den Schmieröldruck beim Anfahren und bei tiefen Temperaturen. Umgehungsven-

# BEDIENUNG

### Erste Inbetriebnahme

Korrosionsschutzöl, das sich im Kurbelgehäuse und im Ölfiltergehäuse gesammelt hat, ist abzulassen. Weitere Maßnahmen sind nicht erforderlich, um den Motor zu entkonservieren.

Die vorgeschriebene Ölmenge (siehe Seite 42) durch den Öleinfüllstutzen in das Kurbelgehäuse einfüllen.

In die Einspritzpumpe durch die Öleinfüllöffnungen am Regler so lange Öl einfüllen, bis es an der Öffnung der vorher herausgeschraubten Kontrollschraube am Reglergehäuse austritt. Die Einspritzpumpe hat keinen Ölmeßstab. Ritzellager des Anlassers ölen und, falls vorhanden, Klappöler der Lichtmaschine mit Öl füllen. Kühlwasser nach Vorschrift veredeln und langsam in den Lamellenkühler bzw. Anbauwärmetauscher einfüllen. Rohranschlüsse auf Dichtheit prüfen. Kraftstoffbehälter auffüllen, hierbei Verunreinigungen fernhalten. Wenn der Motor längere Zeit stillgelegen hat, den Behälter vorher entwässern. Absperrventil am Kraftstoffbehälter öffnen und Einspritzsystem des Motors in nachstehender Reihenfolge entlüften:

### Kraftstoffilter

Entlüftungsschraube um ein bis zwei Umdrehungen herausdrehen, Rändelschraube der Handpumpe lösen und so lange pumpen, bis an der Entlüftungsschraube der Kraftstoff ohne Luftblasen austritt. Nach dem Entlüften den Handpumpenkolben durch die Rändelschraube wieder festlegen und Entlüftungsschraube festziehen.

1 Zufluß von der Förderpumpe
2 Einfüllschraube
3 Entlüftungsschraube
4 Spannmutter
5 Überströmventil
6 Zufluß zur Förderpumpe
7 Zufluß vom Kraftstoffbehälter
8 Vorreiniger
9 Zufluß zur Einspritzpumpe
10 Schlammablaßschraube

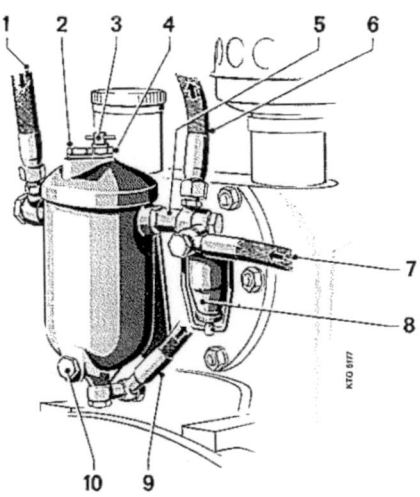

Bild 5
Kraftstoffilter mit Vorreiniger

Außenkühlung

Als weitere Rückkühleinrichtung gibt es für Schiffe, die vorwiegend in schmutzigen, sand- und schlickhaltigen Gewässern fahren - aber auch für Schiffe in normalen Gewässern -, die sogenannte Außenkühlung. Hierbei übernehmen Kühlbehälter unterhalb der Wasserlinie, deren Wandungen zum Teil durch die Außenhaut des Schiffskörpers gebildet werden, oder auch ein vom Außenwasser umspültes Rohrsystem die Funktion des Wärmetauschers.

Im Gegensatz zur Rückkühleinrichtung UkWtKr existiert hier nur ein Wasserkreislauf, für den im Normalfall die motoreigene Pumpe ausreicht.

**Motorüberwachung**

Für die Überwachung des Schmieröldruckes gehört zum Grundlieferumfang ein Ölmanometer. Öl- und Kühlwassertemperatur können auf Wunsch durch Fernthermometer kontrolliert, Schmieröldruck und Kühlwassertemperatur durch eine Warn- bzw. eine Warn- und Abstellanlage automatisch überwacht werden.

Die Pumpenelemente nacheinander am unteren Federteller mit einem Schraubenzieher oder einem Spezialvorpumphebel so lange auf und ab bewegen, bis an der zugehörigen gelockerten Überwurfmutter Kraftstoff austritt. Leichter lassen sich die Druckleitungen entlüften, wenn man den Motor mit dem Anlasser so lange durchdreht, bis an den gelösten Überwurfmuttern Kraftstoff austritt. Danach die Druckleitungen wieder sorgfältig festziehen (ca. 3,5 mkg) und den Pumpendeckel anbauen.

Naßluftfilter mit Öl benetzen und das überschüssige Öl abtropfen lassen. Falls vorhanden, Ölbehälter der Ölbadluftfilter bis zur Marke mit Öl auffüllen.

## Übliche Inbetriebnahme

Ölstand, Kühlwasserfüllung und Kraftstoffvorrat prüfen. Es ist zu beachten, daß die Strichmarken des Ölmeßstabes auf normale Einbaulage des Motors geeicht sind.

## Anlassen

Absperrventil am Kraftstoffbehälter öffnen. Schlüssel in den Anlaßschaltkasten stecken. Anlaßschalter betätigen, bis der Motor anspringt - höchstens jedoch 15 Sekunden lang bei jedem Anlaßversuch. Nachdem der Motor angesprungen ist, den Anlaßschalter sofort loslassen.

Um die Batterien zu schonen, zwischen den Anlaßversuchen ca. 1 Minute Pause einlegen.

Soll der Motor zum ersten Male oder nach längerer Stillegung in Betrieb genommen werden, unterbricht man zunächst die Kraftstoffzufuhr und dreht ihn mit dem Anlasser bzw. von Hand so lange durch, bis das Ölmanometer Druck anzeigt. Erst dann kann er angelassen werden. Bei niedrigen Temperaturen den Motor etwa 5 Minuten lang mit ca. 1000 U/min warmlaufen lassen und dann erst voll belasten (Starthilfe siehe Seite 19).

Wenn der Motor angelaufen ist, muß der Druck am Öldruckmesser beobachtet werden. Zunächst wird, da der Motor kalt ist, ein höherer Öldruck angezeigt. Er sinkt jedoch nach kurzer Zeit, wenn die Betriebstemperatur des Motors gestiegen ist, auf den Normaldruck (ca. 3 bis 5 kg/cm$^2$). Wenn der Mindestdruck unterschritten wird (2,5 kg/cm$^2$ bei 2000 U/min bzw. 1,0 kg/cm$^2$ bei 600 U/min), muß der Motor sofort abgestellt werden.

## Einlauf

Neue bzw. grundüberholte Motoren in den ersten 50 Betriebsstunden möglichst nur kurze Zeit voll belasten. Für die Lebensdauer, Betriebssicherheit und Wirt-

Einspritzpumpe

Beide Entlüftungsschrauben (Bild 6) um einige Umdrehungen lockern, Rändelschraube der Handpumpe lösen und so lange pumpen, bis der Kraftstoff blasenfrei ausfließt. Nach dem Entlüften den Handpumpenkolben durch die Rändelschraube wieder festlegen und Entlüftungsschrauben festziehen.

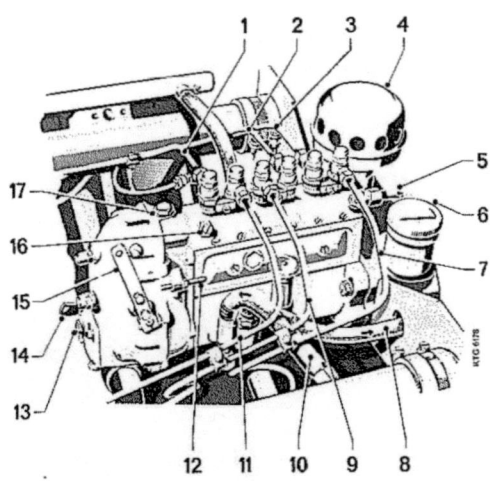

Druckleitungen
Überwurfmuttern der Druckleitungen an den Einspritzdüsen etwas lösen und Einspritzpumpendeckel abnehmen.

Bild 6
Einspritzpumpe mit
Drehzahlregler

1 Druckleitung Zylinder Nr. 6
2 Druckleitung Zylinder Nr. 5
3 Druckleitung Zylinder Nr. 4
4 Entlüfter am Zwischengehäuse
5 Kraftstoffzufluß zur Einspritzpumpe
6 Öleinfüllstutzen
7 Druckleitung Zylinder Nr. 1
8 Kraftstoffzufluß zum Filter
9 Druckleitung Zylinder Nr. 2
10 Kraftstoffzufluß zur Förderpumpe
11 Druckleitung Zylinder Nr. 3
12 Höchstdrehzahlanschlag (plombiert)
13 Ölstandskontrollschraube
14 Stophebel für Gestängeanschluß
15 Drehzahlverstellhebel für Gestängeanschluß
16 Entlüftungsschraube
17 Öleinfüllöffnung

Die Anlaßkapazität einer Batterie ist unter anderem von der Temperatur abhängig. Sehr stark verringert sie sich bei Kälte und erreicht z. B. bei -10° C nur noch etwa 20 % der normalen Kapazität. Daher sollten die Batterien bei niedrigen Temperaturen möglichst in einem warmen Raum aufbewahrt werden, nachdem der Motor abgestellt worden ist. Beim Anschließen ist darauf zu achten, daß die Klemmen sauber und oxydfrei sind (siehe auch Seite 24).

Als Starthilfe werden Sprühmittel auf Ätherbasis vom Handel angeboten, die das Anlassen erleichtern, wenn das Luftfilter damit kurz besprüht worden ist.

Diese Mittel können jedoch eine erhöhte mechanische Beanspruchung des Motors verursachen und dürfen daher nur ausnahmsweise (z. B. wenn sich das Kühlwasser nicht vorwärmen läßt und bei sehr starker Kälte) angewendet werden. Durch unsachgemäße, zu große Dosierung sind hohe, dem Triebwerk schädliche Drucksteigerungen möglich.

## WARTUNG

Entscheidend für die Einsatzbereitschaft und Lebensdauer Ihres Motors sind regelmäßige und sorgfältige Kontrolle, Schmierung und Reinigung. Wir bitten Sie daher in Ihrem Interesse, stets alle nachstehend beschriebenen Wartungsarbeiten nach dem Wartungsplan auszuführen.

Auch die Wartungsvorschriften für das evtl. angebaute Sonderzubehör bitten wir zu beachten. Die genaue Anleitung zu allen Wartungsarbeiten finden Sie im folgenden Abschnitt unter den gleichen Positionsnummern wie im Wartungsplan.

schaftlichkeit ist es wichtig, daß der Motor während der Einlaufzeit nicht zu hoch beansprucht wird. Während dieser Zeit sind nach 10 und 50 Betriebsstunden die auf Seite 20 angegebenen Wartungsarbeiten durchzuführen.

### Betrieb

Überwachungsinstrumente regelmäßig beobachten. Kraftstoffstand im Behälter prüfen. Den Behälter möglichst nicht leerfahren, da sonst Luft in die Leitungen kommt und das Einspritzsystem des Motors entlüftet werden muß.

Bei ununterbrochenem Betrieb alle 12 Stunden den Ölstand im Kurbelgehäuse kontrollieren!
Täglich den Ratschenhebel am Schmierölspaltfilter 4 bis 6 mal hintereinander betätigen!

Bevor der Ölstand kontrolliert wird, sollte der Motor einige Zeit abgestellt sein, damit die Messung nicht durch Ölschaum verfälscht wird. Der Ölmeßstab ist mit einem faserfreien Lappen abzuwischen. Bei normaler Einbaulage des Motors soll der Ölstand zwischen der oberen und unteren Marke des Meßstabes liegen.

Bei stark schwankendem oder sinkendem Öldruck, bei sinkender Leistung bzw. Drehzahl, wenn der Motor stark entlüftet und wenn der Auspuff stark raucht, ist der Motor in Gefahr und daher sofort abzustellen.

### Abstellen

Den Motor zunächst entlasten, die Drehzahl allmählich verringern und dann erst mit dem Stophebel abstellen (Bild 6). Nur bei Störungen darf der Motor sofort stillgesetzt werden.

Schlüssel aus dem Anlaßschaltkasten herausziehen. Absperrventil am Kraftstoffbehälter schließen.

### Winterbetrieb

Bei Eintritt der kalten Jahreszeit wechsele man rechtzeitig das dickflüssige Sommeröl gegen das dünnflüssigere Winteröl (siehe Seite 45). Für den Dieselkraftstoff bitten wir die Hinweise auf Seite 44 zu beachten. Bei Gefahr des Einfrierens ist dem Kühlwasser ein Frostschutzmittel zuzusetzen (siehe Seite 48).

Besondere Aufmerksamkeit ist im Winter den Batterien zu schenken. Durch sorgfältige Wartung und geringen Stromverbrauch sollte stets der volle Ladezustand angestrebt werden.

## ANLEITUNG ZU DEN WARTUNGSARBEITEN

### 1 Motoröl wechseln

Das Öl soll warm abgelassen werden, damit auch der Ölschlamm aus dem Kurbelgehäuse mit abfließt. Hierzu ist die Ölablaßschraube (Bild 1 bzw. 3) herauszuschrauben. Für die Neufüllung verwende man nur von uns geprüfte Ölsorten. Ölablaßschraube einschrauben.

### 2 Schmierölspaltfilter reinigen

Die Ablaßschraube herausschrauben, so daß Öl und Schlamm aus dem Filtergehäuse fließen. Sollten Metallspäne in dem abgelassenen Ölschlamm gefunden werden, benachrichtigen Sie bitte sofort unsere Vertretung.

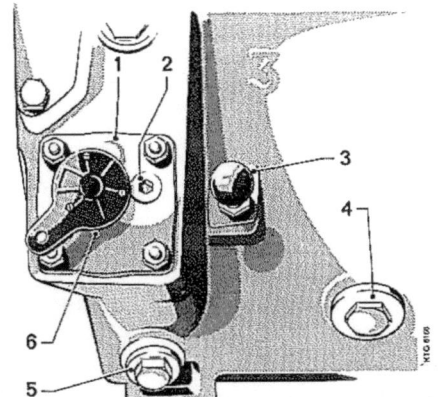

1 Filtereinsatz
2 Umgehungsventil
3 Ölmeßstab
4 Verschlußschraube
5 Ölablaßschraube
6 Ratschenhebel zur Filterreinigung

Bild 7
Schmierölspaltfilter

Der Filtereinsatz ist nach je 400 Betriebsstunden wie folgt zu reinigen:

Muttern vom Filterkopfdeckel abschrauben und Filtereinsatz herausziehen. Hierbei auf Dichtbeilage achten.

Filtereinsatz in Waschbenzin mit Pinsel reinigen und dabei Ratschenhebel drehen. Falls Preßluft vorhanden ist, den Einsatz von innen nach außen durchblasen.

Aus dem Filtergehäuse noch vorhandenen Ölschlamm entfernen.

Filtereinsatz einbauen und Muttern festziehen. Hierbei auf Dichtbeilage achten. Ablaßschrauben am Filter- und Kurbelgehäuse einschrauben und festziehen.

**Wartungsplan**

Position der Wartungsarbeiten

Die Wartungsarbeiten und ihre Intervalle bitten wir dem Wartungsheft, TG-1369 B, zu entnehmen. Nach Erreichen der in der Tabelle angegebenen Betriebsstunden sind die Wartungsarbeiten nach den links stehenden Positionen durchzuführen

| | | | | | | |
|---|---|---|---|---|---|---|
| 1 - 3 und 13 | 10 | Nur beim Einlauf neuer oder grundüberholter Motoren | | | | |
| 1 - 4 und 13 | 50 | | | | | |
| 1 - 8  | 200 | 600 | 1000 | 1400 | 1800 | 2200 |
| 1 - 14 | 400 | -   | 1200 | -    | 2000 | -    |
| 1 - 15 | -   | 800 | -    | 1600 | -    | -    |
| 1 - 17 | -   | -   | -    | -    | -    | 2400 * |

\* danach die Wartung wieder mit 200 Betriebsstunden turnusmäßig von neuem beginnen

**Wartungsarbeiten**

1 Motoröl wechseln, warm ablassen.
2 Schmierölspaltfilter, Schlamm warm ablassen. Nach je 400 Betriebsstunden Filtereinsatz ausbauen und reinigen.
3 Ventilspiel bei kaltem Motor prüfen.
4 Spannung der Schmalkeilriemen prüfen.
5 Ölstand in Einspritzpumpe und Regler prüfen. Lichtmaschine ölen, falls Klappöler vorhanden.
6 Kurbelgehäuseentlüfter und, falls vorhanden, Entlüfter an Einspritzpumpe reinigen.
7 Luftfilter reinigen (bei staubigem Betrieb öfter).
8 Batterien und Kabelanschlüsse prüfen.
10 Kraftstoffilter und Kraftstoffvorreiniger säubern.
11 Betätigungsgestänge an der Einspritzpumpe ölen und prüfen.
12 Kohlebürsten von Anlasser und Lichtmaschine prüfen, Ritzellager des Anlassers ölen.
13 Alle Muttern und Schrauben, auch Fundamentschrauben, auf festen Sitz prüfen.
14 Kühlwasserpumpe für den äußeren Kreislauf, falls vorhanden, mit Fettpresse schmieren.
15 Riemenspannrolle und Winkeltrieb für Drehzahlmesser, falls vorhanden, mit Fettpresse schmieren.
16 Filzrohreinsatz des Kraftstoffilters erneuern.
17 Kühlanlage prüfen.

**Spannung der Schmalkeilriemen prüfen**

Die Schmalkeilriemen müssen so gespannt sein, daß sie sich in der Mitte zwischen den Auflagepunkten durch normalen Daumendruck ca. 2 cm aus der Geraden drücken lassen, andernfalls sind sie nachzuspannen.

Der über die Lichtmaschine laufende Keilriemen wird gespannt, indem man die Lichtmaschine in ihrer Halterung löst und nach außen schwenkt. Der die Wasserpumpe antreibende Keilriemen wird mit Hilfe einer schwenkbaren Spannrolle nachgespannt.

Die Keilriemen müssen trocken und sauber sein. Sie und die Rillen der Keilriemenscheiben sollen niemals mit Benzin, Dieselkraftstoff oder ähnlichen Mitteln, sondern mit einer lauwarmen Seifenlösung gereinigt werden.

Wenn ein Keilriemen zu lose oder zu stramm aufliegt, wird er nach kurzer Zeit zerstört. Keilriemen, die beschädigt bzw. stark abgenutzt sind, sollten vorsorglich ausgewechselt werden. Beim Auflegen eines neuen Keilriemens keine Gewalt anwenden, da er dadurch Schnittstellen bekommt, die ihn nach kurzer Zeit unbrauchbar machen. Neue Keilriemen müssen nach ca. 15 Minuten Laufzeit nachgespannt werden.

**Ölstand in Einspritzpumpe und Regler prüfen**

Hierzu die Kontrollschraube am Reglergehäuse entfernen. Fließt kein Schmieröl oder nur Leckkraftstoff aus der Überlaufbohrung, dann Verschlußschraube herausschrauben und durch die Öleinfüllöffnung so lange Schmieröl nachfüllen, bis dieses an der Bohrung für die Kontrollschraube abfließt - siehe Bild 13.

Bei Lichtmaschine mit Klappöler: Öl ergänzen.

**Entlüfter reinigen**

Kurbelgehäuseentlüfter und - falls vorhanden - Entlüfter der Einspritzpumpe abnehmen, in Waschbenzin oder P 3-Lösung auswaschen und, wenn möglich, mit Preßluft ausblasen. Falls es erforderlich ist, sind vor dem Anbau die Dichtringe zu erneuern.

**Luftfilter reinigen**

Die Naßluftfilter müssen abgenommen und in Waschbenzin oder P 3-Lösung gereinigt werden. Wenn sie getrocknet sind, benetzt man sie mit Öl und läßt das überschüssige Öl abtropfen.

### Ventilspiel prüfen

Das Ventilspiel, d.h. der Abstand zwischen dem Kugelkopf im Kipphebel und dem Ventil, wird mit der Ventilspiellehre bei kaltem Motor (Kühlwassertemperatur unter 40° C) geprüft. Wenn die Steuergehäusedeckel von den Zylinderköpfen abgenommen sind, beginnt die Prüfung bei Zylinder Nr. 1. Der Kolben muß etwa im Verdichtungstotpunkt stehen, damit die Ventile geschlossen sind.

### Anmerkung

Wenn sich die Marke für den oberen Totpunkt (OT) am Schwungrad mit dem Peilstift am Schwungradgehäuse deckt (Bild 14), hat der Kolben des Zylinders Nr. 1 den oberen Umkehrpunkt der Kolbenbewegung erreicht, wobei man zwischen Verdichtungs- und Gaswechseltotpunkt unterscheiden muß. Nur im Verdichtungstotpunkt sind beide Ventile geschlossen.

---

Das Einlaßventil muß 0,25 mm und das Auslaßventil 0,35 mm Spiel haben. Ventilspiellehre entsprechender Stärke zwischen Ventil und Kugelkopf im Kipphebel stecken. Die Lehre muß sich gerade noch bewegen lassen. Falls die gemessenen Werte von dem vorgeschriebenen Spiel abweichen, muß die Gegenmutter gelöst und die Einstellschraube nachgestellt werden. Steuergehäusedeckel wieder aufsetzen.

Bei den folgenden Zylindern ist die Kurbelwelle - der Zündfolge entsprechend - weiterzudrehen, um den Verdichtungstotpunkt aufzufinden.

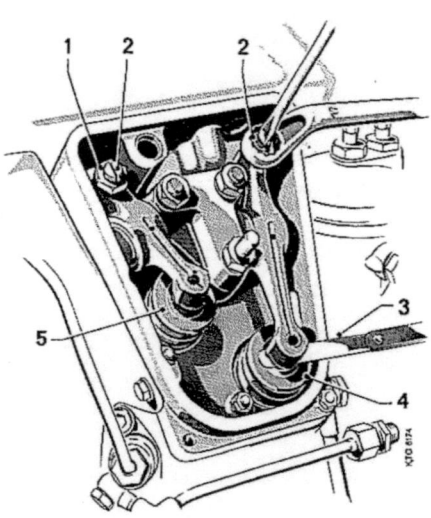

Bild 8
Ventilspiel einstellen

Gegenmutter 1
Einstellschraube 2
Ventilspiellehre 3
Auslaßventil 4
Einlaßventil 5

## Gründliche Reinigung

Man schließt eine Vorrichtung, z. B. Bosch Typ EFEP (Bild 9), an und reinigt den Filzrohreinsatz zunächst wie oben beschrieben. Das Röhrchen der Vorrichtung muß beim Untertauchen zugehalten werden. Den Filzrohreinsatz in saubere Reinigungsflüssigkeit tauchen, bis sich dieser vollgesogen hat. Dann den Einsatz herausnehmen und mit dem Mund oder mit Preßluft das Röhrchen der Vorrichtung kräftig durchblasen. Dabei bilden sich außen am Filzrohr Schaumblasen, die abgespült werden. Der Vorgang ist vier- bis fünfmal zu wiederholen.

Dann spült man das Filtergehäuse mit Kraftstoff aus, setzt den gereinigten Filzrohreinsatz ein und schraubt die Schlammablaßschraube wieder ein. Schließlich wird der Gehäusedeckel aufgesetzt und mit der Spannmutter festgezogen. Man achte darauf, daß der Dichtring richtig in der Rille des Deckels liegt. Dann öffne man den Absperrhahn am Kraftstofftank und entlüfte die Kraftstoffanlage, wie auf Seite 15 beschrieben.

Beim Kraftstoffdoppelfilter ist entsprechend zu verfahren. Beide Einsätze können nacheinander auch während des Betriebes gereinigt werden, denn durch den Dreiwegehahn läßt sich ein Kraftstoffilter außer Betrieb setzen.

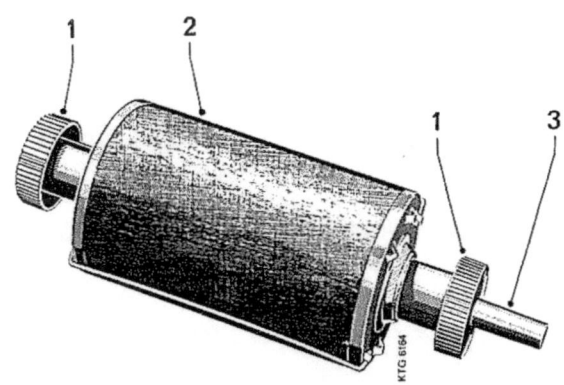

Bild 9
Filzrohreinsatz mit
Reinigungsvorrichtung

Reinigungsvorrichtung Typ EFEP 1
Filzrohreinsatz 2
Röhrchen für Lufteintritt 3

**Anmerkung**
Papiereinsätze des Kraftstoffilters (Sonderausführung) lassen sich nicht reinigen, sondern müssen durch neue ersetzt werden.

Falls Ölbadluftfilter angebaut sind, muß das Öl in den Filtern bei stehendem, kaltem Motor kontrolliert werden - bei stark staubiger Luft täglich.

Hierzu die Klammern lösen und den Ölbehälter abnehmen. Ölbeschaffenheit und Ölstand sind zu prüfen. Grundsätzlich ist das Öl zu wechseln, wenn es verschlammt ist. Das verbrauchte Öl muß ausgegossen und der Behälter in Dieselkraftstoff ausgewaschen werden.

Auch den Filtereinsatz in Dieselkraftstoff gründlich auswaschen und mit sauberem Dieselkraftstoff nachspülen, dann ausschleudern oder mit Preßluft ausblasen. Zum Auswaschen und Spülen keinesfalls Benzin, Wasser, Laugen oder heiße Flüssigkeiten verwenden. Motoröl in das Filtergehäuse nur bis zur Marke "Normal" einfüllen. Beim Zusammensetzen des Filters bitten wir zu prüfen, ob die Dichtung im Deckel im einwandfreien Zustand ist. Gegebenenfalls ist sie zu erneuern.

## 8 Batterien prüfen

Batterien sauber und trocken halten. Anschlußklemmen mit einem säurefreien und säurebeständigen Öl oder Fett leicht einfetten. Öl oder Fett dürfen mit der Vergußmasse der Batterien nicht in Berührung kommen. Wegen Kurzschlußgefahr bitte keine Werkzeuge auf die Batterien legen.

Die Höhe des Säurestandes und die Säuredichte sind im Sommer alle zwei Wochen und im Winter alle vier Wochen zu prüfen. Bei Bedarf nur destilliertes Wasser bis 10 mm über den oberen Plattenrand nachfüllen.

Unbenutzte, geladene Batterien sollten zweckmäßigerweise von einer Batteriewartungsstelle gepflegt werden.

## 10 Kraftstoffilter und Kraftstoffvorreiniger säubern

Absperrventil am Kraftstoffbehälter schließen, Entlüftungsschraube am Kraftstoffilter öffnen, Schlammablaßschraube herausschrauben und Kraftstoff auslaufen lassen. Spannmutter lösen, Deckel abnehmen, Filzrohreinsatz herausheben und wie folgt reinigen:

### Behelfsmäßige Reinigung

Nur wenn keine Vorrichtung zur gründlichen Reinigung vorhanden ist, z. B. Bosch Typ EFEP (Bild 9), sollte man sich mit einer behelfsmäßigen Reinigung begnügen. Hierzu verschließt man den Filzrohreinsatz auf beiden Seiten mit Stopfen, damit die Reinigungsflüssigkeit nur durch den Filz in das Filterinnere dringen kann. Dann wird der Einsatz mit einer weichen, nichtmetallischen Bürste in Dieselkraftstoff oder Petroleum ausgewaschen und in sauberem Dieselkraftstoff oder Petroleum nachgespült.

Verschmutzte Kollektoren mit einem sauberen, benzinfeuchten Tuch reinigen und danach gut trocknen. Ein einwandfreier Kollektor hat eine glatte, grauschwarze Oberfläche. Durch Abnutzung riefig und unrund gewordene Kollektoren sind nur in Spezial-Werkstätten zu überholen. In keinem Fall darf man den Kollektor mit Schmirgelpapier oder Feile nacharbeiten.

Vor dem Anbau das Ritzel des Anlassers und den Zahnkranz des Schwungrades reinigen und mit Graphitfett einfetten. Grat an den Zähnen mit einer Feile entfernen. Ritzellager des Anlassers ölen.

## 13 Muttern und Schrauben prüfen

Alle Muttern und Schrauben auf festen Sitz prüfen, wenn nötig, nachziehen. Hierbei darauf achten, daß die Muttern und Schrauben, für die ein Anzugsdrehmoment vorgeschrieben ist (siehe Seite 42), entsprechend angezogen sind. Auch die Befestigung der Ansaug- und Abgasrohre, der Motorlagerung und des angebauten Zubehörs ist zu prüfen.

## 14 Kühlwasserpumpe für äußeren Kreislauf schmieren

Schmiernippel vorher vom Schmutz befreien, säurefreies Fett verwenden. (Diese Pumpe ist nur bei der Motorausführung UkWtKr vorhanden.)

## 15 Riemenspannrolle schmieren

Schmiernippel vorher vom Schmutz befreien, säurefreies Fett verwenden. Falls vorhanden, ist auch der Winkeltrieb für den Drehzahlmesser zu schmieren.

## 16 Einsatz des Kraftstoffilters erneuern

Abgesehen von einem Papierfiltereinsatz, der grundsätzlich bei jeder Reinigung des Kraftstoffilters auszutauschen ist, muß auch der Filzrohreinsatz nach der im Wartungsplan angegebenen Betriebsstundenzahl erneuert werden. Nähere Hinweise für den Aus- und Einbau sind unter Wartungsarbeit 10, Seite 24, gegeben.

## 17 Kühlanlage prüfen

Erhöht sich die Kühlwassertemperatur nach längerem Betrieb infolge Verschmutzung allmählich über das zulässige Maß hinaus, dann ist die Kühlanlage zu reinigen.

Für die innere Reinigung sowohl des Lamellenkühlers als auch des Wärmetauschers ist ein alkalisches, ätznatronfreies Reinigungsmittel zu verwenden bzw. eine 2%ige Soda- oder P3-Lösung (d.h. 0,5 kg Soda oder P3 auf 25 l Wasser).

Vorreiniger säubern

Um den am Kraftstoffilter befindlichen Vorreiniger (Bild 5) säubern zu können, ist die Rändelmutter zu lösen, der Spannbügel auszuschwenken und das Gehäuse nach unten abzunehmen. Der Drahtgewebeeinsatz wird in Benzin oder in Dieselkraftstoff ausgewaschen. Mit der Zeit wird der Dichtring hart und unbrauchbar. Er ist rechtzeitig zu ersetzen, damit keine Luft in die Anlage eindringen kann.

## 11 Betätigungsgestänge an der Einspritzpumpe ölen

und auf leichten Gang prüfen. Evtl. vorhandene Seilzüge von Zeit zu Zeit einfetten.

## 12 Anlasser und Lichtmaschine prüfen

Vor jeder Arbeit am elektrischen Teil des Anlassers bzw. der Lichtmaschine die Klemme am Minus-Pol der Batterien lösen.

Die Kohlebürsten müssen regelmäßig auf einwandfreien Zustand überprüft, gegebenenfalls gereinigt oder erneuert werden.

Nachdem die Verschlußkappe bzw. das Verschlußband abgenommen worden ist, wird die Feder, die die Kohlebürste auf den Kollektor drückt, mit einem Haken abgehoben. Sie darf jedoch nicht zur Seite gebogen und nicht mehr als nötig angehoben werden. Die Kohlebürsten und -halter müssen sauber sein. Sie werden mit einem benzinfeuchten Tuch gereinigt (Putzwolle nicht verwenden, da diese fasert). Die Kohlebürsten dürfen nur trocken eingebaut werden und müssen in ihren Führungen leicht beweglich sein. Blanke Schleifflächen nicht mit Schmirgelpapier, Feile oder Messer bearbeiten. Kohlebürstenhalter gut ausblasen.

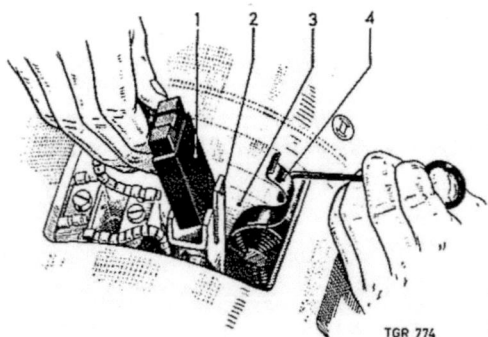

1 Kohlebürste (herausgezogen)
2 Führung für Kohlebürste
3 Kollektor
4 Feder

Bild 10    Kohlebürsten prüfen

Ist eine Kohlebürste gebrochen, ausgelötet oder so weit abgenutzt, daß die Feder oder die in die Bürste eingelötete Litze an den Bürstenhalter anzustoßen droht, ist sie gegen eine neue gleichen Typs auszuwechseln.

Ölkreislauf
Das im Kurbel- und Ölfiltergehäuse befindliche Schmieröl warm ablassen und durch Erstbetriebsöl ersetzen (siehe Seite 46).

Einspritzsystem
Kraftstoff aus dem Kraftstoffbehälter ablassen. Etwa 10 l Kraftstoff mit 0,5 l Erstbetriebsöl (siehe Seite 46) oder Autol-Desolite gut mischen und in den Kraftstoffbehälter füllen. Danach den Motor mindestens 20 Minuten mit mittlerer Drehzahl laufen lassen, so daß Druckleitungen, Einspritzdüsen, Einspritzpumpe und der Ölkreislauf mit Schutzöl gefüllt sind. Absperrventil am Kraftstoffbehälter schließen. Dann Kühlwasser ablassen.

Zylinder
Einspritzdüsen ausbauen (siehe Seite 37). Kolben des zu behandelnden Zylinders in die untere Totpunktstellung bringen und etwa 15 cm$^3$ Erstbetriebsöl (siehe Seite 46) mit einem Zerstäuber oder einer Spritzkanne in den Zylinderraum spritzen. Anschließend den Motor einige Male mit dem Anlasser durchdrehen und die Einspritzdüsen wieder einbauen. Auf diese Weise wird vermieden, daß die Zylinderlaufbahnen rosten und sich die Kolbenringe festsetzen.

Nach der Konservierung müssen Filter, Luftansaug- und Abgasleitungen sowie alle übrigen Öffnungen am Motor sorgfältig mit Ölpapier, Pappdeckeln oder anderen Mitteln verschlossen und mit Klebeband abgedichtet werden.

Die nicht lackierten Teile des Motors sorgfältig reinigen und mit Korrosionsschutzfett bestreichen. Ist der Motor lange Zeit außer Betrieb, so sollte die beschriebene Zylinderschutzbehandlung **alle 6 Monate** wiederholt werden. Lagernde Motoren vor Nässe und Schmutz schützen.

## TRANSPORT

Den Motor, wie oben beschrieben, behandeln. Unmittelbar vor dem Transport sind die Schutzstoffe aus Kurbel-, Ölfiltergehäuse und Ölbadluftfilter sowie der Kraftstoff aus dem Filter abzulassen. Ansaugleitungen bzw. Filter und Abgassammelrohre sowie alle übrigen Öffnungen am Motor, wie oben beschrieben, verschließen. Auch auf dem Transport muß der Motor vor Nässe und Schmutz geschützt werden.

Diese Flüssigkeit gießt man in das Kühlsystem und nimmt den Motor für mindestens 8 Stunden in Betrieb. Dann wird die Reinigungsflüssigkeit bei laufendem Motor abgelassen, gleichzeitig aber der Wasservorrat durch neutrales erwärmtes Wasser ergänzt, damit das Kühlsystem gründlich durchgespült wird. Anschließend veredeltes Wasser (siehe Seite 47) einfüllen.

Die äußere Verschmutzung des Lamellenkühlers läßt sich im allgemeinen dadurch beseitigen, daß man ihn mit Preßluft durchbläst. Wenn er dagegen ölverschmutzt ist, muß er abgebaut und mit 2 %iger Soda- oder P 3-Lösung gereinigt und dann mit neutralem Wasser gründlich nachgespült werden.

Beim Wärmetauscher muß in jedem Fall das Kühlelement ausgebaut und ebenfalls in einer 2 %igen Soda- oder P 3-Lösung gründlich gereinigt werden. Vor dem Wiedereinbau ist das Kühlelement ebenfalls in neutralem Wasser gründlich auszuspülen.

Wenn trotz der Reinigung und eines ordnungsmäßigen Pumpenantriebes (richtige Keilriemenspannung) der Erfolg ausbleibt und die Kühlwassertemperatur nicht auf das normale Maß zurückgeht, muß die Kühlanlage entsteint werden. Dieser Fall wird besonders dann eintreten, wenn das Wasser entgegen unserer Vorschrift ohne Korrosionsschutzmittel mehrmals ergänzt oder erneuert worden ist. Wir empfehlen, die Kühlanlage nur nach vorheriger Absprache mit unserem Kundendienst oder unseren Vertretungen von Fachkräften entsteinen zu lassen.

Bei Motoren in der Ausführung UkWtKr bitten wir, aus dem Anbauwärmetauscher den Zinkschutz herauszuschrauben und die Oxydschicht zu entfernen. Zerfressene Zinkkörper sind gegen neue zu ersetzen.

## LÄNGERE STILLEGUNG ODER LAGERUNG

Wird der Motor eine Zeitlang stillgelegt, so müssen er und seine Anbauteile durch folgende Konservierungsmaßnahmen vor Korrosion geschützt werden.

Unter günstigen Lagerverhältnissen, d. h. bei ausgeglichenen Temperaturen und trockener Luft, ist die Konservierung erst erforderlich, wenn der Motor länger als 6 Monate stillgelegt oder gelagert werden soll. Stark schwankende Temperaturen, hohe Luftfeuchtigkeit, tropisches Klima und die Nähe der See (salzhaltige Luft) bedingen, daß der Motor schon konserviert werden muß, wenn er nur für kürzere Zeit stillgelegt wird.

| Störung | Ursache |
|---|---|
| Anlasser läuft weiter, nachdem Anlaßschalter losgelassen wurde | Anlaß- oder Magnetschalter am Anlasser schadhaft, Verbindungskabel zum Anlasser lösen |
| Ritzel spurt nach Anlauf des Motors nicht aus | Störung im Anlasser, Motor abstellen |
| Motor springt nicht an, obwohl Anlasser in Ordnung | Einspritzpumpe fördert nicht, weil Zuleitung versperrt, Kraftstoffbehälter leer, Kraftstofffilter verstopft, Einspritzsystem ungenügend entlüftet oder Einspritzpumpe nicht einwandfrei arbeitet |
| Motor verdichtet nicht, weil Aus- oder Einlaßventil nicht richtig schließt | Ventilspiel zu klein (siehe Seite 22) Ventilfedern gebrochen Ventilsitz undicht |

## WÄHREND DES BETRIEBES

| | |
|---|---|
| Drehzahl bzw. Leistung läßt nach | Kraftstoffmangel |
| | Luftfilter stark verschmutzt |
| | Druckleitung undicht |
| | Druckventil der Einspritzpumpe undicht (Motor läuft im Leerlauf unregelmäßig) |
| | Rohranschluß hat sich gelöst und ist undicht |
| | Nadel der Einspritzdüse verklemmt oder Spritzlöcher verkokt (siehe Seite 37) |
| | Ventilspiel stimmt nicht (siehe Seite 22) |
| | Kraftstoff ungeeignet (siehe Seite 44) |

# STÖRUNGEN

Hinweise für die Behebung von Störungen sind zum Teil in den Abschnitten "Wartung" und "Instandsetzungsarbeiten" angegeben. Bei größeren Schäden bitten wir, unseren Kundendienst oder andere von uns anerkannte Fachkräfte hinzuzuziehen.

## BEIM ANLASSEN

| Störung | Ursache |
|---|---|
| Beim Einschalten dreht der Anlasser nicht oder zu langsam | Batterien ungenügend geladen |
| | Klemmen der Verbindungsleitungen locker, oxydiert oder schlechte Masseverbindung |
| | Zuleitungen beschädigt |
| | Anlasserklemmen oder Kohlebürsten haben Masseschluß |
| | Kohlebürsten klemmen in ihrer Führung, haben unzureichenden Kontakt zum Kollektor, sind defekt (siehe Seite 26) |
| | Anlaßschalter beschädigt |
| | Magnetschalter des Anlassers beschädigt |
| Anlasser dreht, Ritzel spurt aber nicht ein | Ritzel bzw. Zahnkranz stark verschmutzt oder beschädigt |
| Anlasser dreht, bis Ritzel kraftschlüssig einspurt, bleibt dann aber stehen | Batterien ungenügend geladen |
| | Kohlebürstendruck auf Kollektor ungenügend |
| | Spannungsabfall in den Leitungen zwischen Anlasser und Batterien zu groß |
| | Magnetschalter des Anlassers beschädigt |
| | Freilaufkupplung des Anlassers rutscht |

| Störung | Ursache |
|---|---|
| Kühlwassertemperatur zu hoch | Einspritzdüse defekt |
| | Thermostat defekt |
| | Luftfilter verstopft |
| | Ventile undicht, Kolbenringe sitzen fest |
| | Riemenspannung zu gering |
| | Wasserpumpe defekt |
| Öldruck zu niedrig | Ölfüllung zu gering (Zeiger des Öldruckmessers vibriert) |
| | Schmieröl zu dünn |
| | Überdruckventil zwischen Pumpe und Ölkühler undicht |
| | Lagerspiele infolge Abnutzung zu groß |
| Motor entlüftet stark | Ölstand im Kurbelgehäuse zu hoch |
| | Kolbenringe sitzen fest oder fressen |
| | Triebwerksschaden, Kurbelwellen- oder Pleuellager haben infolge Ölmangels oder schlechter Filterung gefressen. Motor sofort abstellen |
| Motor entlüftet dampfförmig oder feucht | Wasser im Schmieröl |
| Motor bleibt stehen | Kraftstoffbehälter leergefahren |
| | Belüftung des Kraftstoffbehälters verstopft |
| | Kraftstoffilter verstopft (siehe Seite 24) |
| | Luft in der Einspritzpumpe, Kraftstoffleitung beschädigt |
| | Kolbenfresser oder Triebwerksschaden infolge Ölmangels oder Überlastung |

| Störung | Ursache |
|---|---|
| Drehzahl bzw. Leistung läßt nach | Abgasleitung und Abgasschalldämpfer verschmutzt, dadurch Gegendruck zu hoch |
| Motor klopft | Einspritzdüse ist undicht oder Düsennadel bleibt zeitweise hängen, so daß der Abspritzdruck der Einspritzdüse nicht stimmt und unzerstäubter Kraftstoff in den Verbrennungsraum gelangt |
| | Leckkraftstoffleitung verstopft |
| | Förderbeginn stimmt nicht (siehe Seite 35) |
| | Triebwerksschaden, Motor sofort abstellen |
| Abgase sind blau | Ölfüllung im Motor bzw. Ölbadluftfilter zu reichlich |
| | Schmieröl gelangt in den Verbrennungsraum, weil Kolbenringe gefressen haben, festsitzen oder Spiel in den Ventilführungen zu groß ist |
| Abgase sind schwarz | Motor saugt zu wenig Luft an, weil Luftfilter verstopft |
| | Einspritzdüse defekt bzw. falsch eingebaut (siehe Seite 37) |
| Abgase sind weiß | Zylinderkopf oder Laufbuchse sind durchlässig, so daß Wasser in den Verbrennungsraum gelangt |
| Kühlwassertemperatur zu hoch | Zu wenig Wasser in der Kühlanlage |
| | Kühlanlage stark verschmutzt |
| | Einspritzdüse falsch eingebaut |

Beim MB 854 muß der "0" am Zwischengehäuse die "4" im Zahnrad gegenüberstehen (Bild 11), beim MB 856 dagegen der Markierung "0" die "6" (Bild 12). Nachdem das Zahnrad von der Welle der Einspritzpumpe abgezogen ist, läßt sich die Pumpe vom Zwischengehäuse abbauen. Ölkraftstoffgemisch ablassen.

Anbau

Vor dem Anbau bleibt zu kontrollieren, ob der Kolben des Zylinders Nr. 1 im Verdichtungstotpunkt steht. Dann wird die Einspritzpumpe mit Dichtung so an das Zwischengehäuse angebaut, daß die Schrauben auf Mitte der Langlöcher stehen. Wenn das Zahnrad aufgesteckt wird, müssen sich die Markierungen des Zahnrades und des Zwischengehäuses gegenüberstehen - siehe Bild 11 bzw. 12. Nachdem der Flansch am Zwischengehäuse aufgeschraubt ist, können alle Kraftstoffleitungen, bis auf die Druckleitung des Zylinders Nr. 1, angeschlossen und mit ca. 3,5 mkg festgezogen werden. Es bleibt dann noch der Förderbeginn zu kontrollieren bzw. richtig einzustellen. Ölstand kontrollieren.

### Kraftstofförderbeginn prüfen

Um den Kraftstofförderbeginn prüfen zu können, muß die Anlage gut entlüftet, die Einspritzpumpe fest angezogen und der Verschlußdeckel des Federraumes abgenommen sein. Der Kolben des Zylinders Nr. 1 ist in Verdichtungstotpunktstellung zu bringen. Die richtige Kolbenstellung läßt sich kontrollieren, wenn man den Steuergehäusedeckel vom Zylinderkopf abnimmt. Es müssen beide Ventile geschlossen sein (vergleiche Anmerkung auf Seite 22).

Wenn diese Voraussetzungen erfüllt sind, können die Druckleitung für Zylinder Nr. 1 an der Einspritzpumpe abgeschraubt, die Sicherungsklemmen gelöst, der

1 Öleinfüllöffnung
2 Überlaufröhrchen
3 Schlitz am Zahnsegment
4 Ölstandskontrollschraube

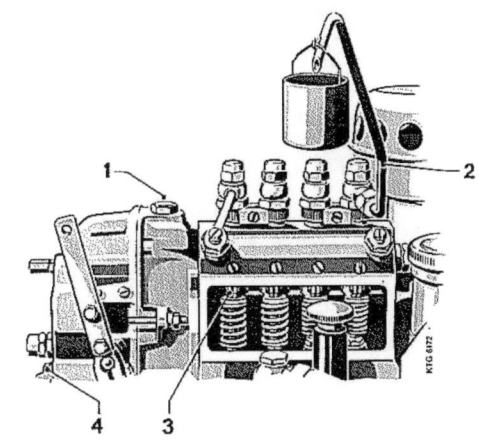

Bild 13
Kraftstofförderbeginn prüfen

# INSTANDSETZUNGSARBEITEN

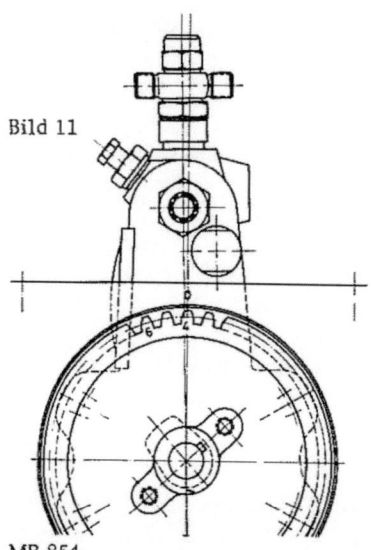

Bild 11

MB 854
Einstellmarkierung für Einspritzpumpe

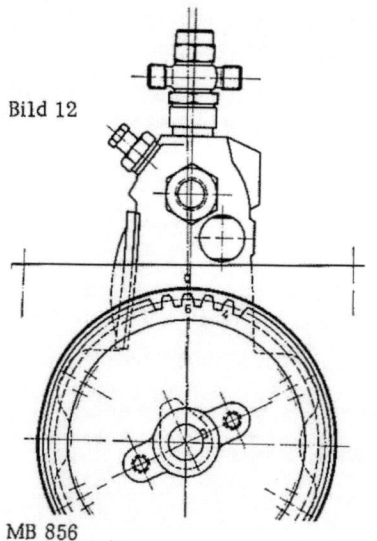

Bild 12

MB 856
Einstellmarkierung für Einspritzpumpe

Wir empfehlen, die nachstehend beschriebenen Arbeiten durch unseren Kundendienst oder durch andere von uns anerkannte Fachkräfte ausführen zu lassen.

**Einspritzpumpe ab- bzw. anbauen**

Bevor die Einspritzpumpe abgebaut wird, um eine Störung des Motors zu beseitigen, prüfen Sie bitte, ob die Ursache der Störung nicht auf eine andere Fehlerquelle zurückzuführen ist, wobei wir an folgende Möglichkeiten denken:

Störung in der Kraftstoffzufuhr, nicht einwandfrei arbeitende Düsen, verstellter Förderbeginn, falsches Ventilspiel.

Erst wenn sich herausgestellt hat, daß die Störungsursache bei der Einspritzpumpe liegt, ist sie zusammen mit dem Regler abzubauen und unter Angabe von Motortyp, Leistung und Drehzahl einem Bosch-Dienst zur Instandsetzung zu übergeben. Plombierungen dürfen nicht gelöst werden.

Abbau
Kraftstoffzufuhr sperren, sämtliche Kraftstoffleitungen und das Betätigungsgestänge von der Einspritzpumpe lösen. Deckel vom Zwischengehäuse abschrauben. Mit Rücksicht auf den Wiederanbau Kurbelwelle so weit drehen, bis sich die Markierungen am Zwischengehäuse und am Antriebszahnrad der Einspritzpumpe decken.

### Schadhafte Einspritzdüse

Eine schadhafte Einspritzdüse macht sich dadurch bemerkbar, daß der Auspuff stärker raucht oder der Motor unruhig läuft. Man ermittelt sie, indem man die Druckleitungen an der Einspritzpumpe nacheinander löst, so daß jeweils die Kraftstoffzufuhr einer Einspritzdüse unterbrochen wird. Hierbei beobachtet man den Auspuff. Er raucht nicht mehr stark, wenn man die schadhafte Düse außer Betrieb gesetzt hat.

### Einspritzdüse aus- bzw. einbauen

Druck- und Leckkraftstoffleitung am Düsenhalter und die Innensechskantschrauben der Düsenhalterbefestigung lösen. Den Düsenhalter herausnehmen und die Öffnung abdecken, damit keine Fremdkörper in den Motor gelangen. Dann den Düsenhalter äußerlich reinigen. Überwurfmutter abschrauben und Düse ausbauen.

Damit die Mehrlochdüse beim Anbau des Düsenhalters wieder die ursprüngliche Lage im Zylinder bekommt, muß sie so eingesetzt werden, daß die Arretierungsstifte am Düsenhalter und an der Einspritzdüse in die dafür vorgesehenen Bohrungen eingreifen. Beide Teile mit der Überwurfmutter verschrauben (8 mkg).

Es wird empfohlen, Abspritzdruck und Strahl der Düse durch unseren Kundendienst oder durch andere von uns anerkannte Fachkräfte prüfen zu lassen.

1 Druckleitung
2 Leckkraftstoffleitung
3 Nut für Nase am Düsenhalter
4 Zwischenring
5 Druckflansch
6 Innensechskantschraube

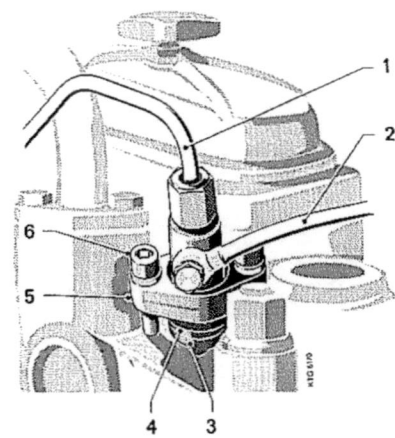

Bild 15
Düsenhalter

Vor dem Anbau des Düsenhalters ist der kupferne Dichtring im Zylinderkopf durch einen neuen zu ersetzen. Daraufhin werden Zwischenring und Druckflansch

Rohranschluß herausgeschraubt und das Druckventil sowie die Feder ausgebaut werden. Dann den Rohranschluß wieder leicht einschrauben, das Überlaufröhrchen aufsetzen und ein Auffanggefäß anhängen. Man öffne anschließend das Absperrventil am Kraftstoffbehälter.

Der Stophebel ist mit Rücksicht auf die Startnut etwa in Mittelstellung zu halten, d. h. die Schlitze der Zahnsegmente müssen nach vorn (zur Deckelöffnung) zeigen (Bild 13). Die Kurbelwelle um 45° entgegen der Drehrichtung - also rechtsherum - drehen. Kraftstoff mit der Handpumpe in den Saugraum pumpen, wobei dieser aus dem Überlaufröhrchen fließen muß.

Dann wird die Kurbelwelle linksherum gedreht, bis der Kraftstoff gerade zu fließen bzw. zu tropfen aufhört. In diesem Moment soll sich die FB-Marke auf dem Schwungrad mit dem Peilstift am Schwungradgehäuse decken (Bild 14). Andernfalls muß der Förderbeginn korrigiert werden, indem man die Einspritzpumpe schwenkt.

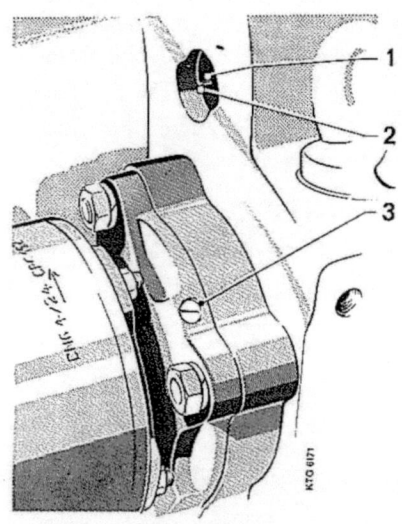

Bild 14
FB-Stellung des Motors

1 FB-Marke auf dem Schwungrad
2 Peilstift am Schwungradgehäuse
3 Schmierstelle am Anlasser

Durch Schwenken zur Lichtmaschinenseite wird der Förderbeginn verzögert und durch Schwenken zur anderen Seite vorverlegt. (Hierzu müssen die vier Schrauben am Anschlußflansch der Pumpe gelöst werden.) Erst dann kann das Überlaufröhrchen abgeschraubt und das Druckventil mit Feder wieder eingebaut werden. Wir bitten, hierbei besonders auf peinliche Sauberkeit zu achten. Der Dichtring über dem Druckventilträger braucht nur ersetzt zu werden, wenn der alte beschädigt ist.

Falls ein neuer Dichtring verwendet wird, muß der Rohranschluß zunächst mit 4,5 mkg vorgespannt und wieder entlastet werden. Erst wenn dieser Vorgang wiederholt worden ist, kann der Rohranschluß endgültig mit 4,5 mkg festgezogen werden.

Anschließend ist die Druckleitung wieder anzuschrauben und zu entlüften.

Für den Zusammenbau gelten folgende Hinweise:

Es ist zu beachten, daß die Pfeile auf dem Kolben nach vorn und zur Einspritzpumpe zeigen.

Die Gummiringe an den Zylindern sowie zwischen Zylinder und Zylinderkopf müssen durch neue ersetzt werden. Dann steckt man die gereinigten Zylinder auf die am ganzen Umfang gut eingeölten Kolben, wobei die Kolbenringstoßspalten gegeneinander versetzt sein müssen.

Die weitere Montage erfolgt in umgekehrter Reihenfolge, wobei die vorgeschriebenen Anzugsdrehmomente zu beachten sind. Anschließend müssen die Ventilspiele überprüft werden.

auf den Düsenhalter geschoben. Beim Einsetzen des Düsenhalters bitten wir darauf zu achten, daß die Nase nach außen zeigt und in die Nut des Zylinderkopfes greift. Wenn die beiden Innensechskantschrauben gleichmäßig mit 2,5 mkg festgezogen sind, können Druck- und Leckkraftstoffleitung wieder angebaut werden.

**Kolben prüfen**

Um die Kolben prüfen zu können, müssen die Zylinder wie folgt abgebaut werden:

Luftfilter abnehmen - Ölbadluftfilter horizontal halten. Druckleitungen abnehmen, Leckkraftstoffleitungen abschrauben. Kühlwasserleitungen abbauen. Luftansaug- und Abgassammelrohre abschrauben. Düsenhalter ausbauen. Ölrücklaufleitungen zwischen den Zylinderköpfen und dem Kurbelgehäuse abschrauben.

Steuergehäusedeckel entfernen, Kipphebelböcke und Steuergehäuse abschrauben und vorsichtig nach oben wegziehen. Die dadurch freigewordenen Stoßstangen komplett mit den Schutzrohren abnehmen.

Zylinderkopfbefestigungsmuttern abschrauben, Zylinderköpfe und Zylinder abnehmen. Wenn die Zylinder von den Kolben heruntergezogen sind, müssen die Öffnungen zum Kurbelraum durch Abdecken vor Fremdkörpern geschützt werden.

Nachdem auch die Seeger-Ringe abgenommen worden sind, lassen sich die Kolbenbolzen von Hand aus dem Kolben drücken. Dabei ist am Kolben so gegenzuhalten, daß kein seitlicher Druck auf das Pleuel übertragen wird. Nur mit einer passenden Kolbenringzange können die Kolbenringe abgenommen werden.

Kolbenringnuten, Kolbenringe, Ölabstreifringe und Öldurchgangslöcher im Kolben vorsichtig von Ölkohle befreien. Es empfiehlt sich, die Kolben mit dem Boden nach unten bis zum vierten Ring (oberen Ölabstreifring) in ein handelsübliches, die Ölkohle lösendes Reinigungsmittel (z. B. Motoclean) zu tauchen und darin mehrere Stunden, am besten über Nacht, zu lassen. Wenn die Ölkohle aufgeweicht ist, kann sie ausgewaschen werden. Man achte darauf, daß jeder Ring wieder in seine alte Nut eingesetzt wird.

Sollten die Kolbenringe bei einer Teilüberholung des Motors jedoch durch neue ersetzt werden, muß auch der obere Doppeltrapezring unbedingt ferroxiert sein. Das Einlaufen der neuen Ringe wird erleichtert, wenn die Zylinderlaufbahnen mit einem feinkörnigen Schmirgelleinen, abwechselnd in Links- und Rechtsdrall, aufgerauht werden. Dadurch läßt sich die Zeit bis zum Ausschleifen der Zylinder und Erneuern der Kolben bedeutend verlängern.

|  |  | MB 854 | MB 856 |
|---|---|---|---|
| Abzuführende Wärmemenge<br>aus Kühlwasser und Öl<br>(bei 2000 U/min und Dauerleistung B) | kcal/PSh | ca. 480 | ca. 480 |
| Abmessungen und Gewicht des Motors<br>in Grundausführung Uk mit hängenden<br>Ölbadluftfiltern, Schwungradgehäuse<br>und Schwungrad (9 kgm$^2$) |  |  |  |
| Länge | mm | 862 | 1045 |
| Breite | mm | 860 | 860 |
| Höhe | mm | 963 | 963 |
| Höhe von Mitte KW bis Oberkante | mm | 645 | 645 |
| Gewicht (ohne Öl und Wasser) | kg | ca. 595 | ca. 750 |
| Schmierölverbrauch<br>(bei 2000 U/min und Dauerleistung B) | g/PSh | ca. 1,5 | ca. 1,5 |
| Mindestschmieröldruck<br>(bei 2000 U/min und betriebswarmer<br>Maschine) | kg/cm$^2$ | 2,5 | 2,5 |
| Abgastemperatur<br>(bei 2000 U/min, Dauerleistung B<br>und 20° C Ansaugelufttemperatur) | °C | ca. 530 | ca. 530 |
| Kühlwassertemperatur, max. dauernd | °C | 85 | 85 |
| Kraftstofförderbeginn, konstant | °KW | 28 vor OT | 28 vor OT |
| Abspritzdruck |  |  |  |
| neuer Einspritzdüsen | kg/cm$^2$ | 200 | 200 |
| gebrauchter Einspritzdüsen, mindestens | kg/cm$^2$ | 180 | 180 |
| Öffnungsbeginn des Thermostaten | °C | 79 | 79 |
| Ventilspiel, bei kaltem Motor |  |  |  |
| Einlaß | mm | 0,25 | 0,25 |
| Auslaß | mm | 0,35 | 0,35 |
| Ventilhübe im Gaswechseltotpunkt<br>bei spielfreier Einstellung (1. Takt) |  |  |  |
| vom Öffnungsbeginn Einlaßventil bis OT | mm | 0,94 ± 0,2 | 0,94 ± 0,2 |
| vom OT bis Öffnungsende Auslaßventil | mm | 0,94 ± 0,2 | 0,94 ± 0,2 |
| (Kontrollwerte für Zylinder Nr. 1) |  |  |  |

## BAU- UND BETRIEBSANGABEN

| | | MB 854 | MB 856 |
|---|---|---|---|
| Bauart | | \multicolumn{2}{l}{stehender V-Motor} | |
| Arbeitsverfahren | | Strahleinspritzung | |
| Arbeitsweise | | Viertakt | Viertakt |
| Zylinderzahl | | 4 | 6 |
| Zylinderbohrung | mm | 115 | 115 |
| Kolbenhub | mm | 140 | 140 |
| Hubraum, insgesamt | $cm^3$ | 5816 | 8724 |
| Verdichtungsverhältnis | | 17,5 : 1 | 17,5 : 1 |
| Mittlerer effektiver Druck (bei 2000 U/min und Dauerleistung B) | $kg/cm^2$ | 6,18 | 6,18 |
| Mittlere Kolbengeschwindigkeit (bei 2000 U/min) | m/sec | 9,33 | 9,33 |
| Drehmoment max. (bei 1500 U/min und Dauerleistung B) | mkg | 31 | 46,5 |
| Verdichtungsdruck bei 150 U/min (Anlaßdrehzahl) | $kg/cm^2$ | ca. 25 | ca. 25 |
| Einspritzfolge | | 1-4-2-3 | 1-6-3-5-2-4 |
| Drehrichtung des Motors (auf das Schwungrad gesehen) | | links | links |
| Niedrigste Leerlaufdrehzahl | U/min | 600 | 600 |
| Niedrigste Betriebsdrehzahl (im Dauerbetrieb bei Belastung) | U/min | 1000 | 1000 |
| Höchstdrehzahl (bei Belastung) | U/min | 2000 | 2000 |
| Anlaßart | | elektrisch | elektrisch |
| Anlaßbatterie *) | | \multicolumn{2}{l}{12 V, 2 x 105 Ah} | |
| Kühlungsart | | \multicolumn{2}{l}{Wasserkühlung} | |

*) gehört nicht zum Grundlieferumfang des Motors

| Drehzahl | Dauerleistung A | | Dauerleistung B | Kraftstoffverbrauch für Dauerleistung A und B |
| --- | --- | --- | --- | --- |
| U/min | 100 % PS | 110 % PS | PS | g/PSh |

**MB 854**

| | | | | |
| --- | --- | --- | --- | --- |
| 1000 | 36 | 41 | 41 | 162 |
| 1200 | 46 | 51 | 51 | 160 |
| 1500 | 59 | 65 | 65 | 161 |
| 1800 | 68 | 75 | 75 | 166 |
| 2000 | 72 | 80 | 80 | 172 |

**MB 856**

| | | | | |
| --- | --- | --- | --- | --- |
| 1000 | 54 | 62 | 62 | 162 |
| 1200 | 69 | 76 | 76 | 160 |
| 1500 | 88 | 98 | 98 | 161 |
| 1800 | 102 | 112 | 112 | 166 |
| 2000 | 108 | 120 | 120 | 172 |

Die angegebenen Leistungen stehen am Schwungrad als Nutzleistung zur Verfügung. Der Leistungsbedarf der zum Betrieb des Motors notwendigen Pumpen, des Lüfters und der unbelasteten Lichtmaschine ist bereits abgezogen.

Dauerleistung A nach DIN 6270 ist die größte Nutzleistung, die der Motor seinem Verwendungszweck entsprechend dauernd abgeben kann, wobei die Leistungsbegrenzung so eingestellt ist, daß sie eine Überleistung von 10 % zuläßt. Die Überleistung kann 1 Stunde lang zusammenhängend oder unterbrochen innerhalb eines Zeitraumes von 6 Stunden über die Dauerleistung A hinaus vom Motor abgegeben werden.

Bezugszustand     Luftdruck     736 mm Hg
                          Ansauglufttemperatur     $20^\circ$ C
                          relative Luftfeuchtigkeit     60 %

Dauerleistung B nach DIN 6270 ist die größte Nutzleistung, die der Motor während einer bestimmten, seinem Verwendungszweck entsprechenden Dauer abgeben kann, wobei die Leistungsbegrenzung so eingestellt ist, daß sie nicht überschritten werden kann.

Bezugszustand     wie unter Dauerleistung A.

Die Kraftstoffverbrauchsangaben gelten mit + 5 % Toleranz bei Verwendung eines Gasöles mit einem unteren Heizwert von mindestens 10 000 kcal/kg.

|  |  |  | MB 854 | MB 856 |
|---|---|---|---|---|
| Kühlwassermenge im Motor mit Rückkühleinrichtung | | | | |
|   UkKV (Lamellenkühler) | | l | ca. 16,5 | ca. 25 |
|   UkWtKr (Anbauwärmetauscher) | | l | ca. 18,5 | ca. 22,5 |
| Zulässige Betriebsschräglage (kurzzeitig, keine Einbauschräglage) | | | | |
|   in Querrichtung nach beiden Seiten | | o | 15 | 15 |
|   in Längsrichtung nach beiden Seiten | | o | 15 | 15 |
| Schmierölmenge | | | | |
|   im Motorkreislauf | | l | 11,5 | 17 |
|   im Kurbelgehäuse max. | | l | 9 | 14 |
|   im Kurbelgehäuse min. | | l | 6 | 10 |
| Anzugsdrehmomente (Schmiermittel: Motoröl) | | | | |
|   Kurbelwellenpaßlager | M 20 x 1,5 | mkg | 30 | 30 |
|   Kurbelwellenzwischenlager | M 20 x 1,5 | mkg | 30 | 30 |
|   Kurbelwellenzwischenlager | M 16 | mkg | 18 | 18 |
|   Pleuellagerschrauben | M 14 x 1,5 | mkg | 17 | 17 |
|   Stiftschrauben im Kurbelgehäuse für Zylinderkopfbefestigung | M 16 x 1,5 | mkg | 5 | 5 |
|   Zylinderkopfmuttern | M 16 x 1,5 | mkg | 11 | 11 |
|   Schwungrad an Kurbelwelle | M 12 x 1,5 | mkg | 11 | - |
|   Schwungrad an Kurbelwelle | M 14 x 1,5 | mkg | - | 16 |
|   Sechskantschraube für Kurbelwellennabe | M 24 x 1,5 | mkg | 30 | 30 |
|   Gegengewichte der Kurbelwelle | M 16 x 1,5 | mkg | 21,5 | 21,5 |
|   Nockenwellenradbefestigung | M 10 | mkg | 6 | 6 |
|   Überwurfmutter am Düsenhalter | | mkg | 8 | 8 |
|   Düsenhalter am Zylinderkopf | M 8 | mkg | 2,5 | 2,5 |
|   Rohranschluß der Einspritzpumpe | | mkg | 4,5 | 4,5 |
|   Gehäuseverspannung am Kurbelwellenzwischenlager | M 20 x 1,5 | mkg | 30 | 30 |
|   Überwurfmutter der Druckleitung | | mkg | ca. 3,5 | ca. 3,5 |

Motorenpetroleum bzw. Traktorenkraftstoff oder normalen Vergaserkraftstoff beimischt. Das Mischungsverhältnis richtet sich nach der Außentemperatur. Man sollte auf jeden Fall Motorenpetroleum bzw. Traktorenkraftstoff bevorzugen, weil die Verwendung von Normal-Vergaserkraftstoff zu Dampfblasenbildung führt und sich dadurch Schwierigkeiten im Betrieb ergeben. Benzin-Benzol-Gemische setzen die Zündwilligkeit des Dieselkraftstoffes stärker herab und sollen deshalb nicht verwendet werden.

Wichtig ist, daß der Zusatzkraftstoff so rechtzeitig in den Tank eingefüllt wird, daß alle Leitungen mit der Mischung gefüllt sind, bevor die kritische Außenlufttemperatur erreicht ist. Man muß beim Tanken den spezifisch leichteren Zusatzkraftstoff vor dem Dieselkraftstoff einfüllen oder beide durch Umrühren gründlich mischen. In der nachstehenden Tabelle ist das Mischungsverhältnis der verschiedenen Zusatzkraftstoffe mit Sommer- bzw. Winter-Dieselkraftstoff für verschiedene Außenlufttemperaturen angegeben.

| Außentemperatur °C | Sommer-DK % | Zusatz % | Winter-DK % | Zusatz % |
|---|---|---|---|---|
| 0 bis - 10 | 80 | 20 | 100 | - |
| - 10 bis - 15 | 70 | 30 | 100 | - |
| - 15 bis - 20 | 50 | 50 | 100 | - |
| - 20 bis - 25 | - | - | 70 | 30 |
| unter - 25 | - | - | 50 | 50 |

## SCHMIERSTOFFE

Für die Druckumlaufschmierung des Motors sind nur von uns geprüfte und für die Verwendung freigegebene

HD (heavy-duty) - Motorenöle

geeignet und daher vorgeschrieben. Die besten Qualitäten der bekannten Ölgesellschaften erfüllen unsere Forderungen. In Zweifelsfällen - oder wenn unsere Freigabe nicht nachgewiesen werden kann - wenden Sie sich bitte an unsere nächstgelegene Vertretung oder fordern Sie eine Liste der freigegebenen Öle an.

Wenn die nachstehenden Temperaturen einige Tage anhalten, soll die Viskosität des Schmieröles betragen:

über         + 30 °C                      SAE 30
zwischen     + 30 °C und 0 °C             SAE 20 W/20
zwischen     + 10 °C und - 25 °C          SAE 10 W

# BETRIEBSSTOFFE

Im Interesse unserer Kunden untersuchen wir ständig die am Markt erhältlichen Betriebsstoffe auf ihre Eignung in unseren Motoren. Verwenden Sie bitte deshalb nur eines der von uns freigegebenen Produkte.

## KRAFTSTOFF

Der möglichst gut gefilterte Dieselkraftstoff soll den Qualitätsanforderungen nach DIN 51 601 entsprechen. Sein Vanadingehalt darf 0, 0001 Gew.% nicht übersteigen. Diese Forderung erfüllen im allgemeinen die handelsüblichen Fahrzeug-Dieselkraftstoffe der bekannten Marken-Firmen.

Diesel-Fuel, Heizöle u. ä. sollen nicht verwendet werden, da sonst mit Korrosionserscheinungen zu rechnen ist.

Lebensdauer und Zuverlässigkeit von Einspritzpumpe und Düsen hängen stark von der Reinheit des verwendeten Kraftstoffes ab. Dieser enthält oft feste Verunreinigungen, die sich nur langsam am Boden der Gefäße absetzen. Ein großer Teil läßt sich aber schon durch sachgemäßes Lagern und Umfüllen ausscheiden, wenn alle Saugrohr- und Abflußleitungen an Fässern und Behältern einige Zentimeter über dem Boden angebracht sind.

Aus einem Hahn unmittelbar am Boden der Gefäße muß der Schlamm regelmäßig - immer aber bevor Kraftstoff nachgefüllt wird - abgelassen werden. Kraftstoffvorratsbehälter (z. B. Fässer) soll man vor dem Umfüllen nicht bewegen, damit Verunreinigungen, die sich abgesetzt haben, nicht in den Kraftstoffbehälter des Motors gelangen und die Filter entlastet werden.

Winterbetrieb
Vor Beginn der kalten Jahreszeit müssen der Kraftstoffbehälter und der Vorreiniger am Kraftstoffilter gründlich gereinigt werden, um zu verhindern, daß Wasserrückstände gefrieren und die Kraftstoffzufuhr stören.

Weiterhin ist zu beachten, daß bei sinkenden Temperaturen das Fließvermögen des Dieselkraftstoffes nachläßt und sich durch Paraffin-Ausscheidung Förderschwierigkeiten ergeben. Diese Störungen können, solange die Temperatur nicht extrem niedrig ist, vermieden werden, indem man den Motor mit Winter-Dieselkraftstoff, der einen tieferen Paraffin-Ausscheidungs-Punkt (BPA-Punkt) hat, laufen läßt.

Falls jedoch dieser Kraftstoff nicht rechtzeitig zur Verfügung steht, kann der Betrieb auch dadurch aufrechterhalten werden, daß man dem Dieselkraftstoff

# KÜHLSTOFF

## Kühlwasser

Als Kühlwasser darf nur sauberes, kalkarmes Wasser verwendet werden. Falls Flußwasser benutzt werden muß, soll dieses gut filtriert sein. Nicht geeignet sind Meerwasser, Solen und Industriewasser. Völlig kalkfreies Wasser (Regenwasser, destilliertes oder kondensiertes Wasser) darf keinesfalls verwendet werden, weil hierdurch die Korrosion stark begünstigt wird.

Bei extremen Verhältnissen (z. B. sehr hartem Wasser, hohem Kohlensäure-, Bikarbonat- oder Salzgehalt) empfehlen wir dringend, eine Analyse einschließlich der Gasanteile und unsere Stellungnahme anzufordern. Wir sind gern bereit, die Untersuchungen kostenlos durchzuführen. Dazu brauchen wir 2 Liter Wasser in gut verschlossener, sauberer Kanne. Alle für das Kühlwasser verwendeten Schläuche müssen aus ölbeständigem Gummi bestehen. Bewährt haben sich:

Metzeler ÖLP 50/11 und Continental TX 215.

## Veredelungsmittel

Das Kühlwasser muß unbedingt veredelt, d. h. mit einem Korrosionsschutzöl versehen werden. Bereits vor der ersten Inbetriebnahme des Motors ist dem Kühlwasser ein Korrosionsschutzöl zuzusetzen. Wenn das Kühlsystem des Motors neu gefüllt wird, muß das Wasser mit 1 % Korrosionsschutzöl veredelt werden (10 $cm^3$ auf 1 Liter Wasser). Leckverluste des Kühlwassers sind durch Wasser zu ersetzen, dem nur 0, 5 % Korrosionsschutzöl zugesetzt ist.

Das Wasser ist möglichst lange im Motor zu belassen. Wir empfehlen, vorzeitig abgelassenes Kühlwasser wieder zu verwenden, nachdem es gefiltert und mit 0, 5 % Korrosionsschutzöl versehen worden ist. Zur Veredelung empfehlen wir die folgenden, von uns geprüften emulgierbaren Korrosionsschutzöle:

Anticorit MKR
* Castrol Produkt 7016
Dea Öl BS 12
Discor Transparent
* Gulfcut Soluble Oil
Houghton Phosphatol
Kutwell 40
* Shell Donax C

* Solvac 1535 GD
Sonaxon Kühler Korrosion Schutz
Sommer-Kühlerschutz 1344
* Valvoline Korrosionsschutzöl Se
* Veedol Anorust 50
Viscobil-Öl BS 12
Voitländer Korrosions-
Schutzmittel für Kühler

* auch bzw. nur im Ausland erhältlich

Sollten Sie die Ölmarke wechseln wollen, so warten Sie bitte damit, bis der Motorölwechsel fällig ist.

Das gleiche Öl wie für den Motor ist zu verwenden für die Einspritzpumpe, die Ölbadluftfilter, das Ritzellager des Anlassers und das Kollektorlager der Lichtmaschine.

Kühlwasserpumpe für den äußeren Kreislauf, Riemenspannrolle und Winkeltrieb für Drehzahlmesser müssen mit säurefreiem Fett geschmiert werden.

Für das Anlasserritzel und den Zahnkranz des Schwungrades empfehlen wir Graphitfett.

## SCHUTZSTOFFE

(für Motoren, die stillgelegt oder gelagert werden)

Zur Innenkonservierung des Motors sowie für die ersten 10 Betriebsstunden fabrikneuer oder grundüberholter Motoren sind die nachstehenden Erstbetriebsöle SAE 30 (wenn nicht vorhanden, SAE 20 W/20) geeignet:

Autol K
Aviaticon Motorenschutzöl
Boie Terra EB
BV-Motorenschutzöl
Caltex Preservative Oil
Castrol CR/1
Castrol Running-in Oil DB
Dea-Erstbetriebsöl 431 M, 432 M
Deltikor
Energol Motorenschutzöl
Essolub MZ
Gasolin KM
Hyperol EK
Kompressol Erstbetriebsöl

Korrosionsschutz-Motorenöl
Mobilkote
Penaxoline-Erstbetriebsöl
Renolin MR
Rheinpreußen Konservierungsöl
Shell Ensis Motoroel
Stinnes-Fanal Einfahr- und Korrosionsschutzöl
Texaco Preservative Oil
Valvoline Tecto Einfahr- und Korrosionsschutzöl
Veedol Norustol
Viscobil-Erstbetriebsöl 431 M, 432 M

Zur Innenkonservierung der Kraftstoffanlage verwende man die vorstehenden Erstbetriebsöle, gemischt mit 95 % Kraftstoff.

Die nicht lackierten Motorteile müssen mit säurefreiem Korrosionsschutzfett der bekannten Mineralölfirmen konserviert werden.

# STICHWORTVERZEICHNIS

**A**
| | |
|---|---|
| Abgase | 32 |
| Abgastemperatur | 41 |
| Abmessungen des Motors | 41 |
| Abspritzdruck | 41 |
| Abstellen des Motors | 18 |
| Anbauwärmetauscher | 13, 27 |
| Anlassen des Motors | 17, 30 |
| Anlasser | 15, 26, 46 |
| Anlaßschalter | 17 |
| Anzugsdrehmomente | 42 |
| Außenkühlung | 14 |

**B**
| | |
|---|---|
| Batterien | 18, 24, 40 |
| Bau- und Betriebsdaten | 40 |
| Bedienung des Motors | 15 |
| Betrieb des Motors | 18, 31 |
| Betriebsschräglage | 42 |
| Betriebsstörungen | 30 |
| Betriebsstoffe | 44 |
| Bezugszustand | 43 |

**D**
| | |
|---|---|
| Dauerleistung | 43 |
| Drehmoment | 40 |
| Drehrichtung | 10, 40 |
| Drehzahl | 40 |
| Drehzahlregler | 12, 23 |
| Drehzahlverstellhebel | 12, 16 |
| Druckleitungen | 16 |

**E**
| | |
|---|---|
| Effektiver Druck | 40 |
| Einlauf des Motors | 17 |
| Einspritzdüse | 37 |
| Einspritzdüsenhalter | 37 |
| Einspritzfolge | 40 |
| Einspritzpumpe | 12, 15, 16, 23, 26, 34 |
| Entlüften des Einspritzsystems | 15 |
| Entlüfter | 10, 23 |
| Erstbetriebsöle | 46 |

**Gefrierschutzmittel**

Bei Gefahr des Einfrierens ist der Zusatz eines der folgenden Gefrierschutzmittel gemäß Vorschrift der herstellenden Firma erforderlich. Wenn das Frostschutzmittel nicht mehr gebraucht wird, Kühlwasser ablassen und evtl. im nächsten Jahr wieder verwenden.

Autol Frostschutz
Avia Frostschutz
BP Anti Frost
Brenntag Kühler-Frostschutz
Castrol Antifreeze
Dea-Frostschutz
Ecufreeze
Esa Frostschutz
Fuchs Frostschutz
Genantin
Glaceol Frostschutzmittel
Glysantin

* Gulf Antifreeze Permanent Type
Hüls Frostschutzmittel
Hyperol Frostschutz
* Mobil Permazone
Optimol Kühlerfrostschutzmittel
Prestone Antifreeze
Shell Antifrost
* Shell Antifreeze
Sinclair Antifreeze
Touring Kühlerfrostschutz
* Veedol Frostfree
Westfalen Frostschutz

* auch bzw. nur im Ausland erhältlich

|   |   |   |
|---|---|---:|
|   | Kurbelgehäuse | 10 |
|   | Kurbelgehäuseentlüfter | 10, 23 |
|   | Kurbelwelle | 11 |
| L | Lamellenkühler | 13, 27 |
|   | Leerlaufdrehzahl | 40 |
|   | Leistung des Motors | 43 |
|   | Lichtmaschine | 15, 26, 46 |
|   | Luftfilter | 17, 23 |
| M | Motornummer | 5 |
|   | Motorüberwachung | 14, 18 |
| N | Naßluftfilter | 17, 23 |
|   | Nockenwelle | 11 |
| O | Ölbadluftfilter | 17, 24, 46 |
|   | Öldruck | 17, 18, 41 |
|   | Ölfilter | 18, 21 |
|   | Ölkühler | 10, 12 |
|   | Ölmenge | 42 |
|   | Ölmeßstab | 17 |
|   | Ölstand | 15, 18 |
|   | Ölverbrauch | 41 |
|   | Ölwechsel | 21 |
| P | Pleuelstange | 11 |
|   | Plombierung | 5 |
| R | Regler | 12, 23 |
|   | Riemenspannrolle | 23, 27, 46 |
| S | Schmalkeilriemen | 23 |
|   | Schmieröldruck | 17, 18, 41 |
|   | Schmieröleinfüllmenge | 42 |
|   | Schmierölkreislauf | 12 |
|   | Schmierölkühler | 10, 12 |
|   | Schmierölspaltfilter | 18, 21 |
|   | Schmierölverbrauch | 41 |
|   | Schmierölwechsel | 21 |

51

| | | |
|---|---|---|
| **F** | Fliehkraftregler | 12, 23 |
| | Förderbeginn | 35, 41 |
| | Förderpumpe | 15 |
| | Fortschrittszahl | 5 |
| **G** | Gaswechseltotpunkt | 22, 41 |
| | Gefrierschutzmittel | 48 |
| | Gewicht des Motors | 41 |
| | Gummischläuche | 47 |
| **H** | Höchstdrehzahl | 40 |
| | Hubraum | 40 |
| **I** | Inbetriebnahme, erste | 15 |
| | Inbetriebnahme, übliche | 17 |
| | Innenkonservierung | 28, 46 |
| | Instandsetzungsarbeiten | 34 |
| **K** | Keilriemen | 23 |
| | Klopfen des Motors | 32 |
| | Kohlebürsten | 26 |
| | Kolben | 11, 38 |
| | Kolbengeschwindigkeit | 40 |
| | Kolbenhub | 40 |
| | Kolbenringe | 38 |
| | Kollektor | 27 |
| | Konservierung | 28, 46 |
| | Korrosionsschutzöl | 15, 47 |
| | Kraftstoff | 44 |
| | Kraftstoffilter | 15, 24, 27 |
| | Kraftstofförderbeginn | 35, 41 |
| | Kraftstofförderpumpe | 15 |
| | Kraftstoffverbrauch | 43 |
| | Kraftstoffvorreiniger | 15, 24 |
| | Kühlanlage | 27 |
| | Kühlung | 13 |
| | Kühlwasser | 47 |
| | Kühlwassermenge | 42 |
| | Kühlwasserpumpe | 13, 27 |
| | Kühlwassertemperatur | 27, 41 |